Dr. Ayşegül Çoruhlu 4 Temmuz 1969'da doğdu. Orta öğrenimini İzmir'de tamamladı. 1994'te İstanbul Tıp Fakültesi'nden mezun oldu. Şişli Etfal Hastanesi'nde biyokimya uzmanlığı ihtisasını tamamlarken Boğaziçi Üniversitesi Biyomedikal Mühendisliği master programına devam etti.

2000 yılında Amerikan Hastanesi'nde biyokimya uzmanı olarak çalışmaya başladı. Daha sonra İntermed Polikliniği laboratuvar şefi olarak görevine devam etti. Bu görevde kaldığı yıllar içinde koruyucu hekimlik konseptine uygun check-up programları hazırladı. Antioksidan, gıda duyarlılığı, kişiye özel hormon ve genetik testleri gibi ileri antiaging yaklaşımlarını ilk uygulayanlardan oldu. Vitamin ve mineral desteği kullanımı konusunda uzun süre eczacı ve doktorlara seminerler verdi.

Çoruhlu, kurumsal şirketlere "Alkali Yaşam" seminerleri vermektedir.

www.alkalidiyet.com

Tokuz ama Açız!

TOKUZ AMA AÇIZ!

Yazan: Dr. Ayşegül Çoruhlu

Yayın hakları: © Doğan Egmont Yayıncılık ve Yapımcılık Tic. A.Ş.

1. baskı / Eylül 2013
11. baskı / Ekim 2016 / ISBN 978-605-09-1668-3
Her 2000 adet bir baskı olarak kabul edilmektedir.
Sertifika no: 11940

Kapak tasarımı: Yavuz Korkut
Kitap tasarımı: Hülya Aktaş
Baskı: Mega Basım Yayın San. ve Tic. A.Ş.
Cihangir Mah. Güvercin Cad. No: 3/1
Baha İş Merkezi. A Blok Kat: 2
34310 Haramidere-İstanbul
Tel. (212) 412 17 00
Sertifika no: 12026

Doğan Egmont Yayıncılık ve Yapımcılık Tic. A.Ş.
19 Mayıs Cad. Golden Plaza No. 1 Kat 10, 34360 Şişli - İSTANBUL
Tel. (212) 373 77 00 / Faks (212) 355 83 16
www.dogankitap.com.tr / editor@dogankitap.com.tr / satis@dogankitap.com.tr

Tokuz ama Açız!

Dr. Ayşegül Çoruhlu

DK DOĞAN KİTAP

İçindekiler

Bolluk içindeyiz çok şükür! Kimsenin sofradan doymadan kalkması gerekmiyor, kıtlık yok.

Karnımız tok.

Ama hücrelerimiz aç.

Hücrelerimizi besleyemiyoruz.

Yediklerimizin çoğu "besin" değil!

Biz onları yedikçe onlar da bizi yiyor!

Görüntüleri güzel, tatları çok lezzetli. Her yerdeler.

Ama bir öğünde afiyetle 1.000 kalorilik yiyecek tüketip yine de hücrelerimizin ihtiyacı olan 1 gr gerçek besini alamayabiliriz.

Yakıt doğru değilse motor doğru çalışır mı?

Vücudun temel biyolojik kuralları var. Biyolojinin kanunlarını her gün her öğünde ihlal ediyoruz.

Sayısı hızla artan hastalıkların, çok yakında bizi bulması ihtimalinin istatistiksel olarak çok yüksek olduğunu unutuyoruz.

Kendimizi istisna sanıyoruz.

Diyelim ki hastalıkları umursamıyoruz, sadece dış görüntümüz konusunda takıntılıyız. Sonuç değişmez, yine çıkmazdayız!

Diyet yaptıkça kilo alıyoruz.

Kısa dönemli sağlıksız bir diyetle verilen kiloların, vücut tarafından faiziyle geri alınacak bir borç olduğunu unutuyoruz.

Oysa beslenmede mesele kilo sorununu çoktan geçti.

Zaten kimse çok yediği için kilo almıyor.

Hücreleri aç olduğu için kilo alıyor!

Artık "sürdürülebilir" bir beslenme şekline geçmek zorundayız. İşte bu kitapla gerçek anlamda sağlıklı beslenmek, sağlıklı kiloda kalmak adına bilmemiz gereken her şeyi öğreneceğiz. Biz sadece keyif almak ya da doymak için yerken, içeride arkamızdan ne işler çevriliyor göreceğiz. İnsan vücudundan bahsederken kaç trilyon hücreden, bu hücreleri oluşturan kaç 100 trilyon atomdan bahsediyorsak, işte buralara *zoom* yapacağız. Tüm bu hücrelerde, hücrelerin atomlarında ne işler döndüğünün farkına varacağız. Yaptığımız yanlışların nelere mal olduğunu gördükçe hücrelerimizi aslında neyle besleyeceğimizi öğreneceğiz. Kafamızı çalıştırıp doğru yakıtı bulacağız.

Zeki yaratıklarız ama "akıllı yemek" yemiyoruz!

Aklı başında yemek yemiyoruz.

Bu kitapla beraber, artık hücre sağlığı için **"aklıyla yemek yemeyi öğrenmiş"** daha sağlıklı bireyler, daha sağlıklı toplumlar olabileceğimize inanıyorum.

Bu kitabı neden okumalısınız?

Unutmayın! Siz en hasta hücreniz kadar sağlıklısınız!

Akla önem veren bir insan olarak hiçbir zaman diğer insanların zekâlarını küçümsemem. Ancak enformasyon bombardımanının yaşandığı çağımızda insanların doğru bilgiyi seçebileceklerini düşünmüyorum.

Zaten hepimiz biraz sabırsızız. Çabuk çözümler istiyoruz. Fazla bilgiden de boğulduk. Hayatın ritmi, yoğunluğu sebebiyle bir "bilir-kişi"nin söylediğine inanıp teslim olmak ve söz konusu iş neyse o işi bir kerede bitirmek istiyoruz.

Eğer, "Şikâyetin nedir?" sorusunun sorulmasına gerek yoksa zaten doktora da gitmiyoruz.

Peki?

Şikâyetiniz yoksa sağlıklı mısınız?

Sağlık nedir?

Bir sayı mıdır? Şekerin, kolesterolün, tansiyonun, kilon kaç gibi. Yoksa sağlık birkaç rakamdan, grafikten öte bir şey mi?

Gerçekte ne kadar sağlıklısınız?

Şunu unutmayın!

En hasta hücreniz kadar sağlıklısınız.

Herkesin sağlıklı yaşam hakkında iyi kötü bir fikri var: Dengeli beslenme iyidir, sigara kötüdür gibi.

Hepimiz kendimize göre sağlığımıza az çok dikkat ediyoruz.

Ama bir gün beklenmeyen, bizi hazırlıksız yakalayan (?) bir hastalıkla karşı karşıya kalınca kendimize şu soruları soruyoruz:

13

Yeterince dengeli beslenmedim mi?
Sigarayı daha önce mi bırakmalıydım?
Bu neden benim başıma geldi?
Bu hastalığın nedeni kötü talihim mi?
Hastalığın kaynağı genlerimde miydi?
Genlerim kaderim mi demek?

Hatta yavaş yavaş şu sonuca varıyoruz:
Genlerimden kaçamazsam kaderimden de kaçamam!
Suç bende değil ki, genlerimde!

Alın size devekuşu sendromu!

Gerçek şu ki sağlık, sadece hastalığın olmaması demek değildir, bundan çok öte bir şeydir. Gerçekte sağlık tüm hücrelerin ihtiyaçlarının doğru karşılandığı mükemmel denge durumudur.

Her gün, her an sağlık için yapmamız gereken, üzerimize düşen görevler var. Sağlığımızı garantilemek için mucize bir hap yok! Şipşak çözümlerden medet ummak faydasız.

Artık sağlığın gerçekte ne olduğu konusunda yeni bir farkındalığa ihtiyaç var. Kendi vücudumuzu sağlıklı tutmak için yapmamız gerekenler hakkında yeni bir bakış açısı kazanmanın vakti geldi.

Kafamızı kumdan çıkarmalıyız!

Hemen bugünden başlayarak kişisel sağlık sorumluluğumuzu almalıyız.

Mevcut bilgiyi toplamalı ve kendimize en uygun şekilde uygulamalıyız.

Ve öğrenmeliyiz!

Vücudumuzda barış istiyorsak, onun sürekli bir savaş halinde olduğu düşmanlarını iyi tanımalıyız.

Hele de bu düşmanların en büyüğünü her öğünde biz içeri gönüllü olarak buyur ediyorsak...

Barış istiyorsanız önce savaşı anlamalısınız!

Biz vücudu anlamayı, nokta hedefli ölçmeden ibaret sanıyoruz. Kan şekeri ne kadar, tansiyon kaç gibi. Oysa vücut komplike ve kendi içinde uyumlu bir sistemdir. Vücuttaki her şey birbiri ile alakalıdır. Tek noktayı, tek göstergeyi inceleyen bu dar görüşlülük bütünü görmemizi engelliyor. O tek noktalardaki problemlere takılıyoruz. Mesela kanseri tedavi etmenin kanseri engellemekten geçtiğini unuttuk! Her hastalıkta aynı hataya düşüp tedavinin ayrıntılarına daldık, büyük resmi görmüyoruz artık.

Hastalıklarda da, sağlıkta da sisteme bir bütün olarak bakmalı, tüm neden-sonuç ilişkilerini incelemeliyiz.

Bedenimize yakın plan *zoom* yapmalıyız!

Tıptan farklı olarak, diğer bilim dalları sistemin bütününden kopmuyor. Fizikçiler maddenin en küçük fonksiyonel parçası olan atomun alt parçalarına bakınca, bütün sistemin nasıl çalıştığını daha iyi anlıyor.

İşte tam da bu yüzden biz de;

Sağlığa, vücudumuzun en küçük fonksiyonel parçası olan hücre ve hücrenin içindeki atom düzeyinden, hem de yakın plan bakmalıyız.

Biz de biraz fizikçi gibi olmalıyız.

Sonuçta hepimiz atomlardan oluşmuş bir bütün değil miyiz?

Hem niçin nihai durum olan hastalıktan nedene ulaşmaya çalışıyoruz ki?

Baştan hiç hastalanmasak olmaz mı?

15

Hiç hasta olmamanın bir yolu var mı?

Bu sorunun cevabı, sağlığın atomlar seviyesinde korunmasından geçiyor.

Geleceğin tıbbı teknoloji ve biyolojinin evliliğinden doğacak.

Ve ölümsüzlüğe en yakın nesil en genç nesildir.

Çok uzak olmayan bir gelecekte hastalıkları hücrelerin atomları seviyesinde tespit eden yüksek teknolojik cihazlar çıkacağından eminim. Higgs Bozonu, Tanrı Parçacığı bize varoluşun gizemi hakkında çok şey söylüyor.

Bu kitapla siz de sağlığın Higgs Bozonunu bulmaya çok yaklaşacaksınız.

Çünkü bu kitabın yazılma amacı sağlıklı olma kavramına atomlar

seviyesinde yeni bir bakış açısı getirmek, vücudun hücresel düzeyde nasıl çalıştığını ortaya koymak.
Kitabımızda ayrıca;

* Hücrenin asit-alkali dengesi
* Hücrenin elektron-proton dengesi
* Hücrenin serbest radikal-antioksidan dengesi
* Detoks sistemleri
* Tüm hastalıkların başlangıç noktası olan hücre zarı hasarı
* İnsülin direnci
* Bağırsaklarımız ve bağışıklığımız
* Sonsuz sağlık ve gençlik için çözümler gibi önemli konular hakkında çok detaylı bilgi edineceksiniz.

En önemli detoks organları olan karaciğer, böbrek ve bağırsaklara da yakından, çok çok yakından bakmayı ihmal etmeyeceğiz kitabımızda.

* Vücudumuza nasıl detoks yaptırabiliriz?
* Neden kolay kilo alıyoruz?
* *Anti-aging* uygulamalar nelerdir?
* Hücrenin gerçek ihtiyacı olan gerçek besinler nelerdir?
* Nasıl alkali beslenebiliriz?
* Alkali yaşam nasıl mümkün olur?
* Neden ileri yaş hastalıkları artık gençlerde de başladı?
* Çocuklarımızın sağlığı tehlikede mi?

Bu ve daha birçok sorunun yanıtını bu kitapta bulacak, sağlığınızı tehdit eden durumlarla baş etmeyi öğreneceksiniz.
Sonsuz sağlık ve gençlik peşindeyseniz bu kitap size yol gösterecek.

Herkes için sağlıkta eşitlik zamanı!

Sigortalı, sigortasız olma, özel hastanede ya da devlet hastanesinde tedavi görme gibi ekonomik sebeplerin insanlar arasında sağlıkta yarattığı eşitsizlikleri BİLGİ EŞİTLİĞİ'yle ortadan kaldırmalı-yız. "Kişiye özel" yaklaşımı aslında gizli eşitsizliğe neden oluyor. Çünkü zaten hepimiz "insan"ız; *homosapiens* türü olarak eşitiz. Hepimizin hücreleri aynı. Hücrelerimiz benzer şekilde çalışıyor, benzer şekilde bozuluyor. Hücrelerimizin nasıl zarar gördüğünü ve nasıl sağlıklı kalabi-leceğini öğrendikçe sağlığımızı korumakta hepimiz eşit güce sahip olacağız. Bu bilgi gücünü elimizde tutacağız. Bu bilgiler ışığında hastalanmama seçeneğini kullanacağız. Seçimlerimizde serbest, sağlıkta eşit olacağız.

Bedeninizin içinde neler olup bittiğini bilmeden, içinizden dışarı taşan sorunlarınız için yardım arıyorsunuz. Ama endişe etmeyin, çünkü yalnız değilsiniz! Milyarlarca insan da aynı şeyi yapıyor.

Şimdi değişme zamanı. Şimdi öğrenme ve kalıcı sağlığa giden yolda yepyeni bir farkındalık kazanma zamanı.

Çözüm çok yakında.

Hatta avucunuzun içinde tutuyorsunuz şu an!

Tek yol, hücrelerimize gerçek ihtiyaçlarını, gerçek besinleri ver-mekten geçiyor.

17

Çünkü hücrelerimizin her şeyden önce "doğru enerji"ye ihti-yacı var.

1. bölüm

Hücrelerimiz için doğru enerji nedir?

Öncelikle şunu aklınızdan çıkarmayın:
Beslenme hücrenin ihtiyacı olan yiyeceği doğru seçmek demektir; dolayısıyla bu yiyeceğin vücutta nasıl işlendiğini, bize nasıl hayat ve canlılık verdiğini bilmeyi gerektirir. İşte gerçek beslenme bilimi budur.

Gerçek besin, doğru enerji kaynağı!

Bu da ne demek diye soruyorsunuz belki de. Yediğim şeylerin hepsi besin değil mi zaten? Kafanız karışmasın! Adım adım öğreneceğiz.

Öncelikle şunu aklınızdan çıkarmayın: BESLENME hücrenin ihtiyacı olan yiyeceği doğru seçmek demektir; dolayısıyla bu yiyeceğin vücutta nasıl işlendiğini, bize nasıl hayat ve canlılık verdiğini bilmeyi gerektirir. İşte gerçek beslenme bilimi budur.

Besleyici maddeler, besinlerle gelen ve hücre için maksimum canlılık sağlayan maddelerdir. Hücre için en doğru enerji yakıtı da bunlardır. Bu enerji sayesinde tüm vücutta tamir, onarım, büyüme, üreme, bağışıklık gibi yüzlerce fonksiyon yerine getirilebilir.

Tüm hücrelerin içinde bu amaçlara yönelik olarak sürekli biyokimyasal olaylar gerçekleşir ve bu olaylar aynı zamanda biyoelektriksel olaylardır.

Aslında insan vücudu, kimyasal elektrikle çalışan bir biyolojik sistemdir.

Vücuttaki tüm metabolik olaylar bir tür kimyasal elektrik enerjisiyle oluşur. Bu yüzden vücuttaki tüm sıvılarda bu biyoelektriğin akabilmesi gerekir. Bu elektrik akımını sağlamak için bu sıvılarda iyonlar ve elektronlar vardır. Çünkü kural olarak elektrik, elektronlar ve iyonlar üzerinden akar. (Bir mühendise sorun, size bunu gayet detaylı bir biçimde açıklayacaktır!)

İnsan kimyasal-biyoelektriksel bir organizmadır ve elektrik akımı için daima iyonlara ve elektronlara ihtiyaç vardır. Biyoelektrik akmadan canlılık olamaz!

İşte gerçek yaşam enerjisinin ne olduğunu anlamaya bir adım daha yaklaşıyoruz.

İnsanın pili de bu elektrikle şarj olur.

Zaten sorumuz da, sorunumuz da şudur:

Bu pili nasıl daha çok şarj edebiliriz?

Vücuttaki elektron-proton dengesi

"Lise kimya dersine mi dönüyoruz?" dediğinizi duyar gibiyim. Panik yok! Vücudumuzun yaşam gücünü sağlayan sistemi öğreneceğiz. Bu sistemi öğrendikten sonra da artık beslenme adına hiçbir şey eskisi gibi olmayacak.

Ne demiştik:

❋ Vücut biyoelektrikseldir.

❋ Vücut sıvılarındaki iyonlar ve elektronlar üzerinden elektrik akışı olur.

İyon kelimesini biraz açalım; sodyum, potasyum, magnezyum gibi adını çok sık duyduğumuz maddeler aslında iyonlardır. Kimyasal olarak bu maddelerin atomik yapıları onların iyon olmalarını sağlar.

Şimdi de hemen işin elifine dönüp atomdan başlayalım:

Atom nedir?

Atom, çekirdeğinde (+) yüklü proton ve yüksüz nötronun olduğu, çekirdek etrafında da (−) yüklü elektronun olduğu yapıdır. Bir atom "dengeli" haldeyken (+) yüklü proton ile (−) yüklü elektron sayıları birbirine eşittir.

Yani;

ELEKTRON SAYISI = PROTON SAYISI

(+) YÜK = (−) YÜK

Buradaki "yük" kelimesi elektriksel yükü anlatır.

(+) yük, protonun elektriksel yükünü,

(−) yük elektronun elektriksel yükünü anlatır.

Atom "dengede" iken (+) yük ve (−) yük sayısı birbirine eşittir. Bu durumdaki atomun elektrik yükü yoktur.

**Doğada atomlar daima (+) proton ve (–) elektron sayıları-
nın eşit halde kalmasını isterler. Her atom bu denge du-
rumuna geçmenin yolunu arar. Bu kural hayatın ve bizim
vücudumuzun sağlıklı çalışmasının özüdür.**

Eğer bir atom eşit sayıdaki (+) proton veya (–) elektronlarından
birini kaybederse, o zaman iyon olur.

Atom (–) elektron kaybederse, (+) protonlar daha fazla sayıda
olur ve o atom (+) pozitif yüklü bir iyon olur.

Eğer dışarıdan fazladan (–) elektron alırsa o zaman (–) yük faz-
lalaşır ve (–) negatif yüklü iyon olur.

❋ Bir madde (–) negatif yüklü ise fazladan elektronu vardır.
   (–) ELEKTRON'ludur.
❋ Bir madde (+) pozitif yüklü ise elektronu eksiktir.
   (+) PROTONLU'dur.

Mesela suyu oluşturan kimyasal yapı H_2O'yu, kararlı kimyasal
yapısından iyonlarına ayıralım:

H (+) ve OH (–) elde ederiz.

H, yani hidrojen atomu (+) yüklü bir iyon haline gelmiş olur. Eğer
elektriksel yükü bu şekilde (+) ise, yukarıdaki kurala göre hidrojen
atomu bir elektronunu kaybetmiştir. Proton yüklüdür.

OH (–), yani hidroksil iyonu ise (–) yükünden anlaşılacağı üzere
fazladan elektron kazanmıştır.

Bu şekilde pozitif veya negatif yüklü iyonlar vücut içinde sürekli
olarak oluşur.

İşte bu artı (+) ve eksilerin (–) vücut içinde bir dengesi vardır.

Buna biz vücudun **asit-baz dengesi** veya **asit-alkali dengesi**
diyoruz.

Hayatın özü bu dengededir...

Vücuttaki **asit-alkali** dengesi

Vücudun yüzde 72'sinin sıvı olduğunu biliyoruz. Milyarlarca hücrenin hem içi, hem dışı, hem de o hücrelerin araları, her yer sıvıyla doludur. Vücuttaki tüm yaşamsal olaylar da bu sıvılarda olur.

Hayati elektriksel olayların olabilmesi için bu sıvıların tamamında ideal bir pH dengesi gerekir. Şöyle ki:

* Bu sıvılardaki elektron ve proton miktarı sıvının pH'ını belirler. Elektron fazlaysa sıvı alkali pH'ta, proton fazlaysa sıvı asit pH'tadır.
* Biliyoruz ki elektrik elektronlar üzerinden akar.
  - Yani iyi elektrik akımı pH'a bağlıdır. Elektron fazlaysa elektrik daha iyi akar.
  - Elektrik akmadan hiçbir biyokimyasal olay olamaz.
  - Çünkü biyokimyasal olay, atomlar arası elektron alışverişi demektir.

Vücuttaki pH dengesi sağlıktaki en mühim konudur.

İlerleyen sayfalarda, pH dengesinin sağlık ve hastalık hakkında bildiğimiz her şeyle yakından ilgisi olduğunu daha detaylı şekilde göreceğiz. Şimdi sabırla biraz daha biyokimya çalışalım.

22

pH nedir?

Kimyasal olarak sıvı olan her şeyin bir pH değeri vardır. pH o sıvının asit mi, yoksa alkali mi olduğunu anlatan ölçme birimidir.

Bir sıvının içinde (+) yüklü mesela H (hidrojen) iyonlarından fazla varsa, o sıvı asidik değerdedir.

Bir sıvının içinde (–) yüklü mesela OH (hidroksil) iyonlarından fazla varsa, yani H (+) azsa, o sıvı alkalidir.

pH cetveli 0 ila 14 arası değerleri gösterir. 7'nin altı asidik pH, 7'nin üstü alkali pH değeridir. 7 nötral pH değeridir. Ne asittir, ne de alkali.

(Bu basit bilgi bize her zaman gereklidir. Çünkü elinizi attığınız, sıvı olan her şeyin pH'ı vardır. Sudan kolaya, havuz suyundan yağmur suyuna, idrarınızdan nefesinizin buharına kadar tüm sıvıların ölçülebilir bir pH değeri vardır ve size o sıvının asit mi, alkali mi olduğunu söyler.)

Özetlersek (+) yük fazla olduğunda pH asit, (–) yük fazla olduğunda pH alkali olur.

VE (–) yük elektron yükü demek olduğuna göre;

bir sıvıda elektron ne kadar çoksa, o sıvı o kadar alkalidir.

Şimdi vücudun ideal asit-alkali dengesindeki küçük sırrı açıklayalım: **Vücut daima alkali ortamda çalışmak ister.**

Vücudun alkali dengesinin korunması esastır. Ve gerçek şu ki vücudumuzun ideal alkali dengesi tam olarak korunsaydı hiç hastalanmaz, hatta hiç yaşlanmazdık.

Şimdi daha da şaşırmaya hazır olun:
Yeterince alkali olursak sonsuza kadar yaşayabiliriz!

Bu söylediğim ölümsüzlük için çok basit bir çözüm olduysa, inanın çözüm bu kadar basit.

Giderek daha da basitleşecek, sabredelim...

Tek hedefimiz ELEKTRONLAR... İLERİ!

Elektronlar ve alkali olmak

Vücudumuzda tüm sıvılar ve tüm dokularda alkali pH korunmaya çalışılır. Lenf sıvısı, kan, hücrelerin içindeki sıvı, dokulardaki sıvılar hep alkali değerdedir.

* Yani pH değeri 7'nin üzerindedir.
* Yani bu sıvılarda (–) elektron yükü fazladır.
* Çünkü (–) yüklü olan elektronların fazla olduğu sıvı alkalidir.

Vücuttan attığımız sıvılar olan idrarda, terde, dışkıda ise pH asit değerdedir.

* Yani vücuttan atılan sıvılarda pH 7'nin altındadır.
* Yani atılan sıvılarda (+) proton yükü fazladır.
* Çünkü (+) yüklü protonların fazla olduğu sıvı asit sıvıdır.

Basitçe görüldüğü üzere vücuttaki ideal alkali pH'ı sağlamak için tek ihtiyacımız elektrondur.

24

---

* **Vücut sıvıları (–) yüklü elektronla dolu olurlarsa alkali olurlar.**
* **Vücut sıvılarında elektron çok olursa "elektrik" daha iyi akar.**
* **Elektrik olmadan canlılık olamaz.**
* **Elektron olmadan canlılık olamaz.**

Hayatta kalmak için, büyümek için, üremek için, tamir için, uyumak için bile elektrona ihtiyacımız var. Bütün yeme içme çabalarımızın vardığı son yer işte burası:

Biz, elektron bulabilmek için yemek yiyoruz.

Besin denen şeylerde elektron yoksa, onlar besin değildir. Sadece proton vericidir.

Ve yediklerimizin çoğu da böyledir!

Vücut daima elektron stoklarını artırmak ister. Ancak bu şekilde istenen (–) negatif, yani alkali yükte olur. Bu şekilde tüm kimyasal olayları yerine getirir. Yemek yememizin amacı vücuda enerji sağlamaksa; kastedilen enerji, bu negatif yükü oluşturan elektronlardır. Vücudun canlılık enerjisi elektronlardan karşılanır. Ama bizim şu an tükettiğimiz gıdalar elektron kaynağı olmaktan çok uzaktır.

Modern yaşamda tükettiğimiz çoğu gıda elektronun tam zıddı proton kaynağıdır.

Canlılığımızı sağlayan elektronlar yerine canımızı azaltan protonlarla doludurlar.

Raf ömrü uzadıkça, işlem gördükçe, rafine oldukça yiyecekler, kendi canlılıklarını kaybederler. Başlangıçta doğal halde iken yiyeceklerde canlılık vardır, çünkü içleri elektron doludur. Amaç bu elektronları almak olmalıyken; biz işlenmiş, raf ömrü uzun gıdalar tüketerek içi sadece proton dolu "ölü" yiyecekler yemiş oluruz. Protonlandıkça biz de yavaş yavaş ölürüz!

Biliyor musunuz; insan öldüğü an kaybettiği 21 gramlık ağırlık, vücudundaki toplam elektron miktarının ağırlığıdır. Ölüm, vücutta hiç elektron olmaması ve bu yüzden hiç biyoelektrik akmaması halidir.

Pil de elektronları bitince biter!

Demek ki elektronlarımızı, yani yani yaşam enerjimizi nereden alacağımızı iyi öğrenmeliyiz.

En yüksek elektron kaynağı: bitkiler

Yaşam enerjisinin temeli güneşin ışığını taşıyan fotonlardadır.

Bu enerji bize bitkilerle gelir. Bitkiler, fotosentez yaparak güneş enerjisini kimyasal enerji şeklinde içlerinde depolarlar. İnsanlar ve hayvanlar bitkileri yiyerek, bitkide depolanmış güneş enerjisini kendileri için hareket enerjisine çevirirler.

Burada önemli olan, beslenmeyle bu enerjiyi direkt mi, yoksa

25

dolaylı yoldan mı aldığımızdır. Bitkileri yiyerek güneş enerjisinin hücrelerimizdeki enerjiye çevrilmesi hali "direkt" beslenmedir. Bitkileri yiyen hayvanları yemek ise "dolaylı" bir beslenme şeklidir. Maalesef bu dolaylılık beraberinde bir "bedel" getirir... Bitkideki güneş enerjisi rahatça ortaya çıkarılabilir. Elma yersek ondan alacağımız enerji, güneş enerjisinin kimyasal hale gelmiş şeklidir. Bir odun parçasının yanarken çıkardığı sıcaklık da bitki içinde depolanmış güneş enerjisinin ısı enerjisine dönüşmüş halidir.

Bitkilerde enerji depolama, yani fotosentez olayı şöyle olur:

Bitki, karbondioksit ve su kullanarak güneş enerjisini 3 karbonlu şekere çevirir. "Atık" olarak da oksijen oluşturur.

Formülde, su ve karbondioksit girer, 3 karbonlu şeker ve oksijen çıkar. Bunu lise biyoloji derslerinden hatırlarsınız. Şimdi lise günlerinde öğrendiklerimizden çok daha hayati bir bilgiyi öğrenelim:

Fotosentezle enerji bitkide "elektron bağları" şeklinde birikir!

Enerji bitki içinde kimyasal olarak "elektron bağları" şeklinde saklıdır. Enerji her zaman, her yerde elektronlarda saklıdır. Canlılığımızın özü buradadır. Hayatta kalmamız, enerji taşıyan bu elektronlara bağlıdır.

Hayatta kalmak için insan ve hayvanlar bitkileri yediğinde bitkilerin yaptığının "tam tersini" yaparak enerji sağlarlar: Bitkilerden gelen 3 karbonlu şeker ile havadan aldığımız oksijen hücrelerimizde yanar, ATP enerjisi oluşur. "Atık" olarak da karbondioksit açığa çıkar. ATP enerjisi besinlerdeki elektronların oksijenle yakılmasıyla elde edilir.

Görüldüğü üzere insanların beslenme şekli, bitkinin fotosentezinin tam zıddıdır.

26

Bitkideki enerji üretimi
CO_2 + güneş enerjisi = 3C şeker + O_2
Bitkilerdeki enerji üretimi "endotermik", yani enerjiyi içinde saklayan bir olaydır.

İnsanlardaki enerji üretimi
3C şeker + O_2 = CO_2 + enerji
İnsanlardaki enerji üretimi "egzotermik", yani enerjiyi dışarı veren bir olaydır.

Bitkiler oksijen üretimine katkı sağlar, insanlar oksijen harcar.

Şimdi geliyoruz en kritik, kitabımızın da özünü oluşturan tanımlamaya:

Bir canlı enerji oluştururken dışarı oksijen çıkarıyorsa *redükte* olur.

Bir canlı enerji oluştururken oksijen harcıyorsa *okside* olur.

Okside olmak paslanmaktır. Paslanmak ise yaşlanmak!

Hadi bu ilginç konuyu biraz daha mercek altına alalım:

İnsan vücudunda enerji üretimi

Solunum ile gelen O2 ve bitkilerden gelen karbonlar hücrelerimizde enerji fabrikaları olan mitokondrilerde yakılırlar. Bu şekilde bitkide saklı enerji dışarı çıkarılır ve bize lazım olan ATP enerjisine çevrilir.

Bu enerjinin oluşumunda en önemli safha, oksijenin harcandığı, **elektron transport zinciri** dediğimiz aşamadır. Bu aşamada elektronlardaki enerji ATP enerjisine çevrilir. Bu aşama olmasaydı oksijenli solunum yapamazdık. Oksijenli solunum yapmasaydık da yeterli enerji üretmezdik. Ve enerjimiz yetersiz olsaydı, gelişmiş, yüksek bir canlı türü olamazdık. Evrimleşemezdik.

Burada bir parantez açalım:

Hücrede oksijensiz enerji üretmek de mümkündür. Ancak oksijensiz enerji üretimi:

* Çok kısa süreli yapılabilir.
* Çok az enerji üretilebilir.
* Laktik asit oluşumu çok artar.
* Laktik asit, adı üstünde hücre içini asitlendirir. Oysa hücreler asitlenmek yerine, alkali olmalıdır. Alkali asidin zıddıdır. Asitlenen hücre hasarlanır. Oksijensizlik yüzünden yetersiz enerji üretimi bu hasarın tamirini imkânsız kılar. Hücre bir süre sonra ölür.

Bu yüzden oksijenli solunum şarttır.

Oksijenli solunuma dönersek; oksijenli solunum, yiyecekle gelen elektronlar vasıtasıyla elektron transport zinciri üstünden bol miktarda ATP enerji elde edilmesi demektir.

Bu enerji hücrenin tüm görevleri için kullanılır. Hormon üretmek, hareket etmek, enzim üretmek, protein üretmek, bağışıklık sağlamak, tamir etmek gibi hücrenin sayısız işi için sürekli olarak bu enerji gereklidir.

Hücre, bu işlere enerji üretmek için hammadde olarak karbon-C içeren her şeyi kullanabilir. Bitkisel gıdalar, hayvansal gıdalar, işlenmiş ürünler, unlular, tatlılar, alkol gibi. Yiyeceklerin hepsi, iyisi de kötüsü de karbon içerir ve enerjiye dönüştürülebilir.

Peki şimdi gelelim kritik soruya: Her tür besin enerji olabiliyorsa o halde neden doğru enerji diye bir şeye ihtiyaç vardır?

Çünkü hiçbir enerji üretimi bedelsiz değildir. Oksijenle besinleri yakarak enerji elde etmenin bedeli elektron kaybetmektir. Elektronlar ise canlılığın özüdür.

İşte asıl mesele de, kaybedildikçe ihtiyaç duyulan elektronların hangi besinden alınacağıdır.

Tam da bu yüzden

artık protein, yağ, karbonhidrat kavramlarının terk edilmesi

gerekiyor. Beslenmeye yepyeni bir pencereden, "elektron ihtiyacı ve elektronların can düşmanı olan proton fazlalığı" açısından bakmalı, besinlerimizi de buna göre seçmeye başlamalıyız.

Çünkü elektronlar olmadan canlılık olmaz. Enerji elektronların içindedir.

Enerji oluşturmak için elektron gerekir.

Vücutta her şeyi tamir için elektron gerekir.

Hastalanmamak için elektron gerekir.

Uzun yaşam için elektron gerekir.

Anti-aging için elektron gerekir.

İnsan ve hayvanların sadece "canlı" kalabilmesi için bile elektron şarttır!

Enerji olmadan yaşanamaz diyoruz; aslında burada söylenmek istenen tam da, elektron olmadan yaşamanın imkânsızlığıdır. Enerji işi döner dolaşır elektron ihtiyacına gelir. Beslenmede doğru enerji kaynağı seçimi de bu yüzden hayati önemdedir. En doğru beslenme şeklinde bile enerji üretmek için sürekli elektron kaybedilir.

Çünkü vücudun enerji kaynağı ne olursa olsun, yukarıda bahsettiğimiz gibi oksijenli solunumla besinlerin yanarak enerjiye dönüşmesi bir **oksidasyon** olayıdır.

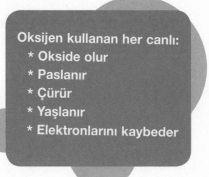

Oksijen kullanan her canlı:
* Okside olur
* Paslanır
* Çürür
* Yaşlanır
* Elektronlarını kaybeder

29

Bu tabirlerin hepsi aynı anlama gelir.

Elmanın kararması, demirin paslanması gibi. Bizim de okside olmak açısından demirden, elmadan hiç farkımız yok.

Canlı kalmak için oksijenle enerji oluşturmaya devam ettikçe kaybettiği elektronlar yüzünden **aslında insan doğduğu gün yaşlanmaya** başlar.

Demek ki beslenmek en temelde elektron bağlarını vücuda almak, oksijen ile yakarak ATP enerjisi elde etmektir. Enerjinin karşılığında ödenen bedelse elektron kaybederek paslanmaktır.

Ama ne kadar bedel ödediğimiz besin seçimlerimize bağlı olarak değişir.

Bitkilerle beslenirsek onlardan gelen elektronlar sayesinde enerji üretirken kaybettiğimiz elektronlarımızı karşılarız. "Zararlı" diye bildiğimiz tüm diğer gıdalar temelde işte bu elektron kaybımızı karşılayamadıkları için zararlıdır. Bu zararlıları tükettikçe hızla elektron kaybeder, paslanır, oksitleniriz.

Yine de bu oksidasyonu doğru besinlerle ancak ve ancak azaltabiliriz, yoksa oksidasyondan kaçış imkânsızdır. İnsanlar enerji ürettikçe hayat boyu okside olmaya devam eder.

Söz konusu insandaki oksidasyon olduğunda biz buna "paslanma" değil, yaşlanma deriz. Hayatta kalmanın bedeli yaşlanmaktır.

Peki, yaşlanmadan yaşayamaz mıyız? Mümkün değil mi bu? Şu aşağıdakilerden kurtulursak, belki...

Serbest radikaller: en büyük baş belası!

Biz insanlar nefesle aldığımız oksijenle yemekten gelen gıdaları hücrelerimizde yakar ve enerji kazanırız. Bu sürecin artığı karbondioksit ve sudur, bunu formülden hatırlıyoruz. Ancak maalesef tek artık bu değildir.

Bu yanma sonucunda hücrede birtakım **kül artıklar** oluşur. Bu yangının külü, elektronunu verip enerji kazandırmış ama kendisi elektron kaybetmiş proton yüklü atomlardan oluşan maddelerdir. Bunlara **serbest radikal** diyoruz.

Serbest radikal, elektron kaybetmiş olan her şeydir.

Her gün, her saniye trilyonlarca hücrede, enerji oluşturma çabasıyla elektron kaybı yüzünden enerjinin yüzde 3 kadarı serbest radikale dönüşür. Serbest radikallerin zararlı olduklarını biliyoruz. Bir serbest radikalin tek amacı, eksik elektronunu hücre içinde alabildiği en kolay yerden çalmaktır. Bu yüzden hücre içindeki antioksidan sistemler serbest radikallerin hücreye zarar vermesini engellemeye çalışır. Antioksidanlar, serbest radikale eksik elektronunu kendinden veren maddelerdir.

Serbest radikalde elektron eksik, antioksidanda ise elektron fazladır. Serbest radikal eksik elektronunun peşindedir. Antioksidan da ona elektron verir.

Serbest radikaller meselesi, antioksidanların faydaları 2000'lerden beri çok konuşuldu, çok anlatıldı. Besinlerin içinde serbest radikaller ve antioksidanların var olduğunu biliyoruz. Bir besin serbest radikal içerirse o besinin kötü, antioksidan içerirse iyi olduğunu düşünüyoruz hemen, ki bu doğrudur.

Ama 2000 yılından bu yana 10 küsur yıl geçti. Artık tıp bilgimizi biraz daha artırmanın zamanı geldi de geçiyor bile!

Geçen yıl yayımlanan *Alkali Diyet* kitabımla okurlarımı **asit-alkali** kavramlarıyla tanıştırmış, vücudumuzda bir asit-alkali dengesi olduğunu detaylarıyla anlatmaya çalışmıştım. Bu dengenin önemi şimdiye kadar yeterince ciddiye alınmamıştı. Tüm sağlıklı beslenme önerilerinde bu parça eksik kalmıştı. Oysa aslında vücudun asitlenmesi tüm hastalıkların temelinde yatan ana sebeptir!

Bu kavramları özetlersek: Basit kimya bilgisiyle, alkali asidin zıddıdır. Vücudumuz, tüm hücrelerimiz daima alkali olmak ister. Asitler ise terle, idrarla dışkıyla, nefesle dışarı atmak istediği çöplerdir. Bu çöpler, asitlendiren gıda seçimleriyle artar. Atılmaları zorlaşır. Asitler vücutta kalırsa hücrelerimize tıpkı serbest radikaller gibi zarar verirler. Alkali olan her şey ise antioksidanlar gibi yararlıdır. Daha iyi bir kavrayışa ulaşınca anlıyoruz ki bunlar aslında aynı şeylerdir.

Serbest radikal, asitlendiren demektir.

Antioksidan, alkali yapan demektir.

Yine de konuya daha derinden, daha yakından bakalım:

Atomu, basitçe tekrar hatırlayalım:

Atom, ortasında (+) yüklü protonun olduğu ve protonların etrafında (−) yüklü elektronların olduğu bir yapıdır.

Atom hakkında;

Kural 1.

Bir atomdaki proton sayısı ve elektron sayısı birbirine eşit olmalıdır. Bu eşitliği sağlamadan atom stabil, yani dengede kalamaz.

Kural 2.

Proton çekirdektedir, elektronlar yörüngede atomun dış kısmındadır. Reaksiyona giren her zaman elektronlardır. Artar veya azalırlar.

Elektronlar (−) ile, protonlar (+) ile gösterilir.

Bir kimyasal reaksiyondan dolayı elektronlar azalırsa kural 1 gereği eşitlik bozulur. Protonlar sayıca fazla olur.

Ama bir atom fazladan bir elektron alırsa, bu sefer o atomda elektron fazlalığı olur. Neyin fazla olduğu belirtilerek atom tanımlanır.

* Bir atoma proton diyorsak proton sayısı fazladır, elektronunu kaybetmiştir, proton fazlalığını ifade eden (+) ile gösterilir.

* Bir atoma elektron diyorsak elektron sayısı fazladır. Çünkü dışarıdan elektron almıştır. Elektron fazlalığını ifade eden (–) ile gösterilir.

Kural 1 gereği protonlar elektronlarla aynı sayıda olmak zorundadır. Dengeli atom olabilmek için bu yapıya geçmeleri şarttır. Doğada bunun aksi mümkün değildir.

İşte hayatın özü burada yatar. Sağlık, gençlik, *anti-aging*, alkali olmak... Hepsinin özü bu satırdadır.

Proton sayısı elektron sayısına eşit olmalıdır!

Lütfen ama lütfen, size sıkıcı da gelse sadece bu kadarını iyice kavramak için çaba gösterin, dikkatinizi verin. Çünkü kitabımızın tamamı bu temel üstüne dayalıdır.

Bir elektron kaybeden atom, proton fazlalığı durumundadır. İşte bu serbest radikaldir ve aynı zamanda asit olma halidir.

Yani serbest radikal, elektron kaybettiği için proton sayısı dolaylı olarak artmış, bu yüzden kararsızlaşmış saldırgan asit-protonlu atomdur.

Serbest radikaller, hücrelerde saniyenin milyarda biri hızında, kendi eksik elektronlarını başka bir atomdan çalabilmek için saldırıda bulunurlar.

Hücrelerin her biri, içlerinde her saniye binlerce kez olan serbest radikal saldırısını, ona istediği elektronu vererek karşılamak zorundadır.

Elektron-proton sayısı eşitlenmeden serbest radikalin saldırganlığı durmaz. Bu saldırma hali kesintisiz olarak yaşanır ve asla bitmez, çünkü bize sürekli enerji gerekir. Bu enerji elektron harcanması ile sağlanan bir olaydır. Canlılık için **elektronlar harcanacaktır, çünkü enerji elektronlar üzerinden akar. Vücuttaki enerji bir tür kimyasal elektriktir. Elektrik metalde de, suda da, vücutta da elektronlar üzerinden akar.**

Yaşamak için hücrede enerji oluştukça sürekli serbest radikal artacaktır. Ve serbest radikaller eksik elektronlarını bulmak için etrafa saldıracaklardır. Serbest radikallerin acımasız saldırganlığını engellemek için hücre sonsuz bir çaba içindedir. Sürekli antioksidanlarını kullanarak hücreyi zararlı serbest radikal saldırısından kurtarmaya çalışır.

Antioksidan, serbest radikallerin peşinde olduğu eksik elektronu kendi içinden verebilen madde demektir. Mantık olarak elektronu verince kendisi elektron eksikliği olan bir serbest radikale dönüşür ama başıboş serbest radikaller gibi hücrenin kendisine saldırmaz. Birtakım enzim sistemleri ile kendi kendine tekrar elektron verip kendini yenileyebilir. İşte insan vücudunun mucizevi doğası!

Ancak yine de vücudun antioksidan kapasitesinin de bir sınırı vardır. İlerleyen yaşla, kötü beslenme ve kötü yaşam şekliyle vücudun antioksidan kapasitesinin temizleyeceğinin çok üstünde serbest radikal oluşur.

Fazlalaşan serbest radikaller antioksidanlarca nötralize edilip sabit hale getirilmezse, hücrenin en kolay çalabildiği ilk yerinden milisaniye içinde elektron yürütür. Hücrenin o bölümünün çalışmasını bozar. Hem de ne bozmak!

Yangında ilk kurtarılacak: hücre zarı

Doğal olarak hiçbirimiz serbest radikallerin hücre yapılarına saldırmasını istemeyiz. Çünkü serbest radikalin, eksik elektronu için elektron çalacağı her yer enerji ve canlılık kaybeder. Çünkü canlılık enerjisi elektronlar üzerinden akar.

Bu çalma olayı da en kolay **hücre zarından** olur. Hücre zarı elektron kaybedince canlılık kaybeder.

Bütün hastalıklara ve yaşlanmaya sebep olan durumların hepsi hücre zarından elektron kaybedilmesi ile başlar!

Hücre içindeki antioksidan kapasitenin temizlemeye yetişemediği serbest radikaller **en kolay hücre zarına saldırır** ve hücre zarını öldürerek işe başlarlar.

Önce hücre zarlarımız hastalanır, işini iyi yapamaz, bunun sonucunda da o hücrelerin bulunduğu söz konusu organda söz konusu "hastalık" olur.

Sağlıklı olmanın birinci kuralı önce hücre zarlarını korumaktır. Çünkü;

Yangında ilk kurtarılacak şey, HÜCRE ZARIDIR!

Hücre zarının önemini kitabımızda altını çizerek tekrar tekrar gündeme getireceğiz. Çünkü sağlığın 1 numaralı göstergesi sağlam hücre duvarlarıdır. Ve tüm hastalıklar önce o organdaki hücrelerin duvarlarının hasarlanmasıyla ortaya çıkar. Bunun istisnası yoktur. Hücre zarlarını koruyarak her hastalığı geri çevirebiliriz. Bunu nasıl yapacağımızı ise ilerleyen bölümlerde öğreneceğiz.

Hücre zarlarının korunabilmesi temelde vücuttaki elektronu eksik serbest radikallerin az olmasına bağlıdır. Serbest radikallerin elektronu eksikken protonu göreceli olarak fazla olduğuna göre onlara proton diyebilir ve (+) işareti ile gösterebiliriz. Kimya olarak da bu doğrudur. Bunlar aynı şeylerdir. Ben de kitabımız boyunca bundan böyle serbest radikallere **proton (+)** diyeceğim.

Tam karşıtı olarak antioksidanları (–) ile gösterip onlara da **elektron (–)** diyeceğim.

Serbest radikal = Proton (+)

Antioksidan = Elektron (–)

Ve hatırlayalım:

PROTON = ASİT

ELEKTRON = ALKALİ

Konuyu artık bir adım ileriye taşıyabilir, yeniden asit-alkali kavramlarına dönebiliriz.

Çünkü her türlü hastalığın başlangıcı hücrelerin asitlenmesidir.

bölüm

Asitlenme nedir?

Asit ve alkali kavramları lise 1 kimya bilgisi ile şu şekilde tanımlanıyor:

Bir sıvı içerisinde H (+) iyonunun negatif logaritması o sıvının pH'ını verir. pH, o sıvının asit mi alkali mi olduğunu gösterir. Eğer sıvı içerisinde H (+) iyonu fazlaysa, o sıvı asittir. Ama OH (–) ile gösterilen hidroksil iyonu miktarı daha fazla ise o sıvı alkalidir.

Alkali ve asit birbirinin zıddıdır. Alkali, asidi "tamponlayan", yani yok edendir.

pH, asit ve alkaliyi ölçme birimidir. pH 1 ve 14 sayıları arasında gösterilir. pH 7'den küçükse o sıvı asittir, pH 7'den büyükse o sıvı alkalidir. pH 7 ise nötral değerdir, sıvı ne asittir ne de alkali.

Görüldüğü üzere suyun atomları olan H2O'nun H (+) ve OH (–) miktarları oranlanarak sıvıların asit mi alkali mi olduğuna karar verilir.

Sıvı, H (+) fazlaysa asit, OH (–) fazlaysa alkali demektir.

Bu şimdiye kadarki asit-alkali tanımıdır. Artık bilimde asit-alkali kavramlarını anlatmak için daha ayrıntılı bir tanım kullanılıyor. Doğru asit-alkali tanımı şudur:

Bir sıvıda proton (+) yükü fazla ise o sıvı asittir.
Bir sıvıda elektron (-) yükü fazla ise o sıvı alkalidir.

Bir önceki tanımda sıvıda asidi oluşturan H (+)'nın proton olduğunu, alkali yapan OH (–)'nin elektron olduğunu görüyoruz.

Bu tanım sadece sıvılar değil dokular için de geçerlidir.

Bir yerde (+) yüklü proton varsa orası asitlidir, bir yerde (-) yüklü elektron varsa orası alkalidir.

Sonuçta pH, daha doğru bir ifade ile, vücut içerisinde elektron ve proton yükünü gösterir.

Bu tabire göre, hücrelerin içinde serbest radikal olarak tanımladığımız ve protonu fazla, elektronunu kaybetmiş olan yapıların hücrenin asitlenmesine sebep olduğunu rahatça anlıyoruz. Serbest radikal fazlalığında hücrenin pH'ı 7'nin altına düşüyor ve hücre içinde asitlenme oluyor. Asitlenmenin yok edilmesi için alkali tamponlar gerekiyor.

Vücutta bu olaylar saniyeler içinde olur. O yüzden bunları klasik ölçme yöntemleriyle şimdilik doğru olarak ölçemiyoruz. Belki de bu yüzden, hekimler olarak bu çok hayati olan asit tamponlama mecburiyetini de önemsemiyoruz. Kendini biyolojiden üstün sanan biraz bilmiş bir canlı olarak, biz insanlar vücudun bu asitlenmeden kendi kendine kurtulacağını sanıyoruz. Evet, vücut bunlardan "ölmemek için" "bir şekilde" kurtuluyor. Ama hangi bedel karşılığında?

Doğduğumuz ilk günden beri, hayatta kalmak için lazım olan enerji karşılığında bedel olarak ödediğimiz elektronların azalması sebebiyle, sürekli artan bir proton yükümüz var. Protonun arttığı her yer de asitleniyor.

Yani **enerjinin bedeli asitlenmedir.**

Özetle enerji oluştukça hücrede,
Serbest radikaller = protonlar = asitler oluşur.
Bunları gidermek için,
Antioksidanlar = elektron vericiler = alkaliler harcanır.

Hücreyi koruma amacıyla daha sonra bu asitler hücre dışındaki detoks sistemlerine gönderilir. Böylece hücre içindeki asitten kurtulma çabası hücrenin dışında da devam eder.

Bu asit-protonları atan organlarımız istisnasız her gün, ara vermeden bu işle meşgul olur.

Böbrek idrarla, karaciğer safrayla, bağırsak dışkıyla, deri terle, akciğer nefesle, lenfler lenf nodlarıyla, yağ dokusu yağ hücrelerinin içine hapsederek, kemikler kalsiyumla, kalsiyum kireçlenmeyle asit-protonlarını atar. Bu şekilde asitlerin vücuttan atılmasına ya da vücuda daha az zararlı olacakları bir yerde depolanmasına çalışılır.

Asit-protonlarından kurtulmak hücrenin ikinci hayati işidir. (Birinci hayati görev ise enerji ve tamir için gereken elektronları bulmaktır.)

Asitlenme önce hücrelerin içinde başlar. Çünkü elektron kullanılarak enerji oluşturulması hücrenin içinde olur. Hücrenin içi dışarısından daha hızlı asitlenir. Vücudun en önemli sıvısı olan kanda ise asitlenme minimumda tutulmaya çalışılır. Zaten en büyük amaç kanı asitlendirmemektir.

Bunun için çok bedel ödense de vücut için en büyük öncelik kanda asit-proton yükü oluşturmamaktır.

Bu yüzden en güçlü asit tamponlayan sistemler kandadır. Kandaki proton yükü hep minimumda tutulur. Kanda her zaman elektron daha fazla olmalıdır.

Çünkü kan hep alkali olmalıdır.

Bu yüzden de yapılan kan tahlillerinde herhangi bir asitlenme tespit edilemez. Aslında çok ileri safhada bir hastalık yaşanmadığı sürece kan tahlillerinde asitlenmeyi tespit edemeyiz. Kanın pH değeri 7,35-7,45 arasındadır. Yani hafif alkalidir. Daima elektron fazlalığı vardır ve protonların kanda artmaması hayati önem taşır.

Kanın bu dar aralıktaki alkali değeri diğer vücut sıvılarından daha fazla önemsenir ve çok sıkı bir şekilde korunur. Mesela diğer vücut sıvılardan lenf sıvısı, içine çok miktarda asit alabilir. Lenfin yanı sıra dışkı, ter, idrar hepsi asitleri atmak için kullanılan diğer sıvılardır. Bu sıvılar aracılığıyla asitler her gün atılır.

Ancak vücudun günlük asit atılım kapasitesi sınırlıdır. Üstüne bir de asit-protonlar, dışarıdan fazla "alınırlarsa" bunlar atılamaz ve vücutta biriktirilir. Evet, protonlar dışarıdan da alınır.

Protonlar:

1- Hücre içinde enerji oluşum mekanizmaları sırasında oluşurlar.

2- Besinlerle dışarıdan alınırlar.

Zaten beslenmedeki sağlıklı ve sağlıksız ayrımının temeli, hangi besinin proton deposu olduğu, hangi besinin elektronla dolu olduğuna dayanır.

Protonlar artınca önce hücrelerde, sonra o hücrelerin olduğu dokularda ve sonra o dokulardan oluşan organlarda birikirler.

Temelde hastalık, bu şekilde birikmiş proton fazlalığının verdiği zararın toplamıdır. Adı ne olursa olsun önemi yoktur, hepsi o veya bu şekilde asitlenme yapan proton fazlalığından kaynaklanır.

Bu asit-protonlar yüzünden önce yıpranır, sonra hastalanır, sonra hızla yaşlanırız.

Kronolojik takvimin önemi yoktur. Önemli olan biyolojik yaşımızın kaç olduğudur. Biyolojik yaşlanmanın yavaşlatılması gelecek tıbbının temel konusudur.

İnsan ırkı daha konforlu yaşamak adına sanayileştikçe bilmeden veya bilerek kendine zarar veriyor. Verdiği zarara rağmen aynı konforu sağlığında da istiyor. Oysa sağlığını bozan her şeyin konforunu da bozduğunu görüyor. Yine de biyolojik saatinin kendini en iyi hissettiği, en konforlu olduğu gençlik yıllarında kalmasını istiyor.

Bu talebin karşılığı olarak biyolojik yaşımızın neden ilerlediğine, yani neden yaşlandığımıza dair bilim adamları uzun yıllardır çok kafa yordular, pek çok teori ürettiler.

Bakalım yaşlanmak bilimsel olarak nedir!

3. bölüm

Neden yaşlanıyoruz?

"Ben eserlerimle ölümsüz olmak istemiyorum...
Ölmeyerek ölümsüz olmak istiyorum."

Woody Allen

Yaşlanma teorileri

Sonsuza kadar yaşamak! Tarih boyunca insanoğlunun en büyük hayali budur desek herhalde yanılmış olmayız. Ölümsüzlüğün peşinde kıtalar, denizler kat eden, maceralara atılan kahramanların öykülerinin anlatıldığı pek çok masal, pek çok mit var.

39

Yaşlanmanın nasıl ve neden olduğunu şimdi şimdi daha net biçimde anlamaya başladık. Biyokimya bilgilerimiz arttıkça, hücre düzeyinde yaşlanmayı geri çevirmenin yollarını araştırıyoruz.

Yaşlanma üzerine yapılan çalışmalarda artık öyle bir noktaya geldik ki rahatlıkla şunu söyleyebiliriz: Yaşlanma tedavi edilebilir bir hastalıktır.

Esasında yaşlanmanın tek bir sebebi yokmuş, bu süreç pek çok farklı olayın sonucuymuş gibi gözükse bile teorileri tek tek ele aldığımızda bunların bir ortak noktası olduğunu göreceğiz: **Vücuttaki fazla asit-proton yükü.**

Bu yük metabolizmamızın artıklarıdır, çöpleridir, külleridir. Bunlar antioksidan ve detoks sistemlerince yeterince temizlenemediğinde hücrede hızla birikmeye başlarlar.

Yani;

Yaşlılık, vücutta çöp birikmesidir.

Bu ortak noktayı, dünya çapındaki *anti-aging* otoritelerinin ileri sürdüğü yaşlanma sebeplerinin hepsinde bulacağız. Şimdi bu teorileri yakından inceleyelim:

DNA ve genetik teorisi

Bu teoriye göre DNA'mız genetik saatimizdir ve yaşlanma hızımız DNA'mızda belirlidir.

İnsan DNA'sı yüzde 99,9 oranında herkeste eşittir. Kalan yüzde 0,1 farklılık insanlar arası genetik farkı yaratır.

DNA'nın çok hassas olduğunu biliyoruz. DNA'mız çok kolay bir şekilde okside olabilir, hasarlanabilir. Bu hasar zararlı yiyeceklerden, stresten, yaşam şeklimizden, toksinlerden, hava kirliğinden, radyasyondan veya diğer dış etkenlerden kaynaklanabilir. Bu dış etkenler yüzünden DNA'da kayıtlı yaşlanma hızımız artabilir. DNA hasar gördükçe doğru tamir edilmesi gerekir. Bazı "uyuyan genler" bu hasarlarla uyanabilir ve birtakım genetik hastalıklar ortaya çıkabilir. Amaç, DNA'nın hasardan korunması olmalıdır. İyi haber şu ki artık korumak için ne yapacağımızı biliyoruz, çünkü DNA'ya hasar verdiğini söylediğimiz tüm iç ve dış etkenler, bu hasarı serbest radikaller, yani protonlar, yani asitler aracılığıyla yapar.

DNA ve genetik temelli teori TELOMERAZ TEORİSİ ile beraber anılır.

Telomeraz bir enzimdir. Bahsedilen dış etkenler hasar verip de DNA'yı tamir etmek gerektiğinde kullanılır. Her DNA tamiri yapıldığında bu enzimden bir miktar harcanır. Bu enzimin bittiği gün tamir de bitecektir. Dolayısıyla kısalmış telomerazlar yüzünden hücre kopyalanmak için her bölündüğünde bizi yaşlanmaya bir adım daha yaklaştırır. Bu teori, kopyalama artıkça kopyanın kopyasının orijinali kadar iyi olmayacağını savunur. Ki bu doğrudur.

Ancak yapılan çalışmalar göstermiştir ki eski hücreler de pekâlâ yeni hücreler kadar iyi bir kopyalama yapabilirler. Buradaki tek şart hücrelere ideal alkali ortamlarının sağlanmasıdır. Yani eğer bir hücrenin ideal ortamı varsa kendini kusursuz kopyalayabilir.

DNA'mızda mutlaka yaşlanmamızı gerektirecek bir yaşlanma kodumuzun olduğu tam olarak doğru değildir. DNA'mızın hasar görmesini azaltabilir, kendini tamir mekanizmasını güçlendirebiliriz. Genlerimizde biz "tamir" için programlıyız, ölmek için değil. DNA'mızda hasarı nasıl azaltabileceğimizi anlamak için önce zarar neden geliyor ona odaklanalım.

Tüm hücrelere ve içlerindeki DNA'ya da zarar veren asit-protonlar, yani serbest radikaller yaşlanma teorilerinde de başroldedir.

Yaşlanmada serbest radikal teorisi

Anlattığımız üzere serbest radikaller saldırgan, proton yüklü atomlardır, elektronları eksiktir. En yakınlarındaki yerden elektron çalmak isterler.

"Modern yaşam" denen şeyin kendisi zaten bir serbest radikal bombasıdır. Hepimiz artık biliyoruz ki stresli yaşam şekli, sigara kullanımı, alkol, kötü beslenme, radyasyon gibi sayısız dış etken vücutta serbest radikal yükünü artırır. Bunlar serbest radikallerin, yani asitlenmeye sebep olan protonların vücut dışı kaynaklarıdır.

Bunlara ilave olarak enerji oluşumu sırasında zaten doğal olarak vücut içi serbest radikaller de oluşuyor. Önceki bölümlerde bahsettiğimiz gibi, mitokondrilerde oksijenle glikozun, enerji için yanması sonucu oluşan kül artıklardır bunlar. Mitokondriler olmasaydı 15 kat daha az enerji üretirdik. Ve bu kadar az enerjiyle gelişmiş insan organizması olamaz, ilkel kalırdık. Her hücrede, vücudun tamamında akıl almaz sayıda mitokondri vardır. Yaşamı sürdürebilmek için durmadan enerji üretilir. Artık olarak da serbest radikaller oluşur. Bu yaşam için zaruridir. O yüzden içerideki serbest radikal oluşumundan kaçış yolu yoktur.

ATP enerjisi oluşturmak için

elektronları harcamak ve serbest radikal oluşturmak durumundayız. Ama dışımızdaki serbest radikal kaynaklarını azaltabiliriz. **Sağlığı korumanın en kolay yolu da budur işte.**

Azaltmazsak serbest radikallerin miktarı vücudun antioksidan kapasitesini geçer. Bu durumda serbest radikaller eksik elektronlarını hücre içinde herhangi bir yerden temin etmek eğilimine girerler. İlk etapta kolay olduğu için hücrenin zarından elektron çalabilecekleri gibi, sayıları fazla olursa hücrenin DNA'sından da elektron çalabilirler. Mesela hücrenin mitokondri içindeki DNA'sından elektron çalarlarsa bu tamir edilemez. Mitokondri enerji üretim yeri olduğu için yeterince enerji oluşturulamazsa protein, enzim, hormon gibi bizim için gerekli maddeler üretilemez. Hücrenin çekirdek DNA'sından elektron koparırlarsa bu durum tamir edilebilir olsa da bu tamir gücü sınırsız değildir. Zaten çekirdek DNA'sı hücredeki en önemli yerdir. Burada gelişen bir hasar ise aklınıza gelecek "o" en kötü hastalığı beraberinde getirebilir.

Hücre içinde serbest radikal hasarını engelleyecek antioksidan sistemler; glutatyon başta olmak üzere süperoksit dismutaz, katalaz, glutatyon peroksidaz ve başka isimlerle anılan karışık sistemlerdir. Bunlar oldukça güçlü temizlikçilerdir. Asla yorulmazlar. Ama kapasiteleri sınırlıdır.

Günümüzdeki modern yaşam şeklimizde yiyecek seçimlerimiz vücuda bu sistemlerin temizlik kapasitelerini kat kat aşacak kadar proton yükler.

Sorunumuz da, sonumuz da budur!

Hücrede artık birikimi teorisi

Metabolizma artıklarının temizlenememesi ve biriken hücre içi çöpler yüzünden hücrenin fonksiyonlarını yitirmesini anlatan teoridir. Biriken çöplerin serbest radikaller olduğunu, serbest radikali oluşturan maddelerin proton olduğunu, proton olan her yerde asitlenme olduğunu biz zaten biliyoruz. Yani hücre içi artık birikimi teorisi zaten hücre içi asitlenmeyi anlatır.

Mitokondrisi olan her yerde bu artık çöpler birikir. Bu çöplerden bir kısmı "lipofuskin" olarak bilinen bir tür kahverengi lekelenmedir. Mesela yaşlılıkta ciltte görülen kahverengi lekeler de lipofuskindir. Alzheimer hastalığında beyinde de bu yaşlılık lekeleri olur, bunlar da lipofuskindir.

En basit haliyle söylemek istersek lipofuskin yaşlanmanın pas lekesidir. Ve serbest radikal hasarı sonucu oluşur.

Zaten yaşlanmak, paslanmaktır!

Mitokondrinin enerji üretiminin azalmasına dair teori

Bu teori, ATP üretim yeri olan enerji fırınları mitokondrilerin yeterli enerji oluşturamamasını anlatır. ATP enerjisinin aklımıza gelen her türlü tamir, hareket, enzim ve hormon yapımı için gerekli olduğunu biliyoruz. Mitokondrilerin yüksek enerji üretimi olmasa biz insan olarak "yüksek model" canlılar olamazdık. İlkel canlılar olarak kalırdık.

Bu teoriye göre mitokondri, bir sebepten hücrenin yaşam fonksiyonlarına yetecek kadar ATP üretemiyor. Mitokondride enerjinin üretiminin oksijene bağlı olduğunu biliyoruz. Elektron transport zinciri denen mekanizmanın elektronları enerji oluşturmak için kullandığını da öğrendik.

Mitokondride yeterince oksijen ve yeterince elektron yoksa, enerji oluşumu oksijensiz faza kayar. Oksijensiz enerji üretimi hem daha az enerji demektir, ki bu enerji hücrelerin iş yapmasına yetmez, hem de hücrede daha çok proton oluşur. Çünkü oksijensiz enerji oluşumu sonucu meydana gelen laktik asit hücreyi yüksek derecede asitlendirir. Laktik asit proton doludur. Asitlenme ve enerjisizlik hücreyi yaşlandırır. **43**

Cross-linking – şeker yaşlanması teorisi

Bu teoriye ilerleyen bölümlerde daha detaylı yer vereceğim ama şimdilik şu kadarını söyleyeyim: Cilt sarkmasından Alzheimer'a kadar pek çok hastalık bu teoriyle ilgilidir.

GLİKASYON da denen bu teoride anlatılmak istenen şudur:
Kan şekerinin kanda kalış süresi uzadıkça, bu fazla şeker gidip vücut proteinlerine yapışarak zarar verir.

Burada zararın sebebi, **şekerin proteine geri dönüşümsüz olarak yapışmasıdır.** Bu yapışma, şekerin ısıtılınca akideleşmesi, ağdalaşması gibi bir yapışkanlıktır. Bu yapışkan hal, o hücredeki proteinin sıkılığını ve esnekliğini bozar. Protein yapıları bozulan hücre ise artık iyi çalışmaz.

Şekerin vücut proteinlerine geri dönüşümsüz olarak yapışıklığı sonucunda o bölgede birtakım asit artıklar da ortaya çıkar. Bu asit artıklara AGE'ler (İleri Glikasyon Son Ürünleri) denir, bunlar da proton deposudur. Bir tür serbest radikaldirler. Onlar gibi saldırgandırlar.

Hücrenin protein yapılarına şekerin yapışmasıyla gelen zararı daha da artırırlar. AGE'ler bulundukları hücrenin ve dolayısıyla o hücrelerden oluşan organın fonksiyonlarını bozarlar. Mesela gözdeki katarakt, Alzheimer'daki beyin hasarı, ciltteki sarkma ve kırışıklıklar hep AGE'lerin yarattığı hasarlardır. AGE'lerin mevcudiyeti istenmediğinden vücut onları yok etmeye çalışır. Bu işlem bağışıklık, yani savunma sistemiyle olduğu için, bu sistemin askerleri AGE'lerin bulunduğu glikozillenmiş dokulara saldırır. Amaç AGE'leri ortadan kaldırmak iken bu iyi niyetli saldırı vücudun o bölgesinde harabiyete sebep olur. Bu saldırı ENFLAMASYON dediğimiz, ileride çokça bahsi geçecek bir iç savaşa sebep olur. Enflamasyonun, yani iç savaşın olduğu her yer bir hastalığın ortaya çıkması için en kuvvetli adaydır.

Glikasyona, AGE'lere ve enflamasyona tekrar döneceğiz. Ancak önce yaşlanma teorilerinin en önemlisine de bir göz atalım. Zira bu teori bu kitabın da yazılma amacı bir anlamda.

Yaşlanmada hücre zarı hasarı teorisi

Öncelikle, artık etrafımızda çok sık duyduğumuz insülin direnci tabirini de hatırlatacak olan şu soruları cevaplayalım:

Ana enerji kaynağımız sandığımız şeker yukarıda bahsedildiği gibi neden hücre proteinlerine yapışır?
Cevap: Kanda gereğinden uzun süre yüksek kaldığı için.

Neden şeker kanda uzun süre yüksek kalır?
Cevap: İnsülin direnci olduğu için.

Neden insülin direnci olur?
Cevap: Hücre zarları insüline duyarsızlaştığı için.

Neden hücre zarları duyarsızlaşır?
Cevap: Ağır hasara uğradığı için.

Hücre zarlarına hasar veren nedir?
Cevap: Serbest radikaller. Yani protonlar.

Belki sizde de olduğu söylenen insülin direncinin aslında hücre zarı hasarı olduğunu görüyoruz.

Aslında yukarıdaki yaşlanma teorilerinin hepsine daha detaylı baktığımız zaman harabiyetin başlangıcının serbest radikaller üzerinden olduğunu hepimiz görebiliriz. Serbest radikallerin de proton yüklü atomlar olduğunu kitabımızın başından beri zaten anlattık. Bu protonların en çok elektron çaldıkları yerin hücre zarları olduğunu da artık biliyorsunuz.

Bu sebepten bütün yaşlanma teorilerinin temeli aslında hücre zarı yaşlanması teorisidir.

Bu bir teoriden öte tüm teorileri doğrulayan bir tezdir, çünkü yaşlanmayı başlatan ilk adım bu teoride gizlidir. Tüm teoriler o veya bu şekilde hücre zarı (membranı) hasarı teorisiyle açıklanabilir. İlerleyen bölümlerde, hastalıklarla hücre zarı hasarı arasındaki ilişkiyi de detaylı biçimde irdeleme fırsatı bulacağız.

İlk zararın hep en dıştaki katmana geldiğini hatırlayarak önce zarların önemini kavrayalım.

45

Hücre zarı neden bu kadar önemli?
Vücudumuzda milyarlarca hücre var. Bu hücrelerin hepsinin dışı zarla çevrilidir. Hücrelerin içinde ise; enerji oluşturulan mitokondri, DNA'nın saklandığı çekirdek ve başka organeller mevcuttur. Bunların etraflarında da zarlar vardır.

Hücre zarı iki kat yağdan oluşur; **doymamış yağlar ve kolesterol içerir.** Hücre zarında biraz protein ve az miktarda şeker de vardır. Demek ki hücre zarı az protein, az kolesterol yanında bolca doymamış yağdan oluşuyor.

Bu yağlı yapısıyla hücre zarı, hücrenin içi ve dışını birbirinden ayırır. Hücre içindeki maddelerin hücre dışına çıkmasına, hücre dışındakilerin de hücre içine girmesine engel olur.

Hücre zarı yağ yapılı olduğu için suda eriyen maddeler zardan kendi başlarına geçemezler. O yüzden hücre zarı "seçici geçirgen" denen bir yapıdadır. İçeri geçmesine izin vereceği maddeleri seçer. Hücrenin ihtiyaçları hücrenin içine özel yöntemler ve taşıyıcılarla geçirilir. Çok az şey serbestçe hücrenin içine girebilir veya dışarı çıkabilir. Hücrenin ihtiyaçlarını içeri alabilmesi ve çöplerini dışarı boşaltabilmesi bu zarın sağlamlığına bağlıdır. O yüzden hücre zarı hayati önemdedir.

Hücre zarını oluşturan yağların kimyasal yapısı yüzde 80 gibi bir oranda doymamış yağlardan oluşur ve kimya tabiri ile -cis pozisyonundadır.

Bu teknik bilgilere neden mi gerek var?

Çünkü hücre zarının -cis şeklinde doymamış yağlardan oluşması ve bu yapının korunması sağlık için hayati öneme sahiptir.

> Doymamış yağlardan oluşması, hücre zarının;
> * sıvılığını
> * akışkanlığını
> * esnekliğini
> * sağlamlığını
> * vücutla haberleşmesini
> * geçirgenliğini sağlar.

Tıpkı mutfaktaki sıvı doymamış yağlarda olduğu gibi hücre zarı da esasında sıvıyağdır. Doymamış yağ oranı arttıkça sıvılığı artar. Sıvılığı artıkça akışkanlık ve esnekliği artar. Esneklik sayesinde ihtiyaçlarını içeri alır, artıklarını da kolayca dışarı atar.

İşte yaşlanma, hücre zarındaki doymamış haldeki bu yağların yavaş yavaş doymuş hale geçmesi demektir.

Peki, bu nasıl olur?

Hücre membranındaki doymamış yağların proton alabilecek fazladan elektron bağları vardır. O yüzden adları "doymamış"tır. Bu "protona doymamış" anlamındadır.

Meraklısına

Zaten mutfaktan bildiğimiz katıyağ ve sıvıyağ arasındaki fark da budur.

– Sıvıyağlar doymamıştır ve proton alabilirler, yani elektron fazlaları vardır.

– Doymuş yağlar ise protonla doymuştur. Mesela hidrojene yağ protonla doyurulmuş yağdır. H (+) protonuyla doyurulmuştur.

– Trans yağ ifadesi de zarlarımızdaki -cis halindeki doymamış yağların tam tersi olan -trans halidir ki bu trans yağların hiç makbul olmadığını iyi biliyoruz.

Hücre zarında bulunan kolesterol de zarın dayanıklılığını sağlar. Bu yüzden kolesterol hücre zarı için gereklidir. Hücre zarında protein de vardır ki bu proteinler vücutta fazla yükselen şekerin yapıştığı yerlerdir.

Hücre zarı çok incedir. Normal mikroskopta görünmez, elektron mikroskobunda görülebilir. Zar tüm hücreyi sarar. Yaşayan bir organizma gibidir.

Hücre zarının doğru çalışması, içerisindeki doymamış ve doymuş yağ oranlarına sıkı sıkıya bağlıdır. Doymamış yağ oranı arttıkça esnek, sıvı ve geçirgen olur. Doymuş yağ oranı arttıkça katı margarinler gibi katılaşır.

Hücre zarı katılaştıkça maddelerin zardan içeri giriş çıkışı azalır. Hücre ihtiyaçlarını alamaz, artıklarını atamaz, çöpleriyle birlikte kendi içine hapsolur.

O halde hücre zarı geçirgen olmalıdır.

Sağlıklı hücre zarından geçiş birkaç şekilde olur:

* Bazı maddeler hiç enerji harcamadan zar üzerinden girip çıkabilir. Suyun içeri giriş çıkışı böyledir.

Oksijen ve karbondioksit de zardan sızarak rahatça geçer. Oksijen, oksijenli solunuma mitokondride enerji üretmek için içeri alınır, işlem sonucu artık olan karbondioksit de zardan dışarı atılır.

* Bazı maddeler enerji harcayarak ve birtakım kanallar vasıtasıyla zardan geçerler. Bu kanallar açılıp kapanarak kapı görevi yapar.

En önemli iki kapı, sodyum-potasyum (Na-K), kalsiyum-sodyum (Ca-Na) iyon kanallarıdır ve enerjiyle çalışırlar. İnanın günlük tükettiğimiz enerjinin çok büyük bir bölümünü bu kapıları açıp kapamaya harcarız. Aç-kapa aç-kapa... sürekli hem de! Bu iyon kanalları her saniye çalışırlar. Pek çok madde içeri böyle girer, çöpler dışarı böyle atılır. Hücre içindeki pH'ın, yani asiditenin ayarlanması için de bu kanallar kullanılır.

Hücredeki proton fazlalığı içeride antioksidan sistemlerle temizlenmeye çalışıldığı kadar, dışarıdaki asit atan böbrek, lenf gibi sistemlerin de yardımına ihtiyaç vardır. Bu protonlar, hücre içini asitlendirmesinler diye hücre zarlarından dışarıya pompalanır.

Meraklısına

Proton atılımı diye bir durumun zaten vücutta olduğuna dair basit bir örnek verelim: Mesela mide ilaçları kullanıyorsanız doktorunuz bu ilaçları tıbbi terimle "proton pompası inhibitörü" tabiri ile anlatabilir. Buradaki proton pompası, mide içerisinde HCL asidindeki H (+) protonunun mideye pompalanmasını anlatır. Bu ilaçlar proton pompalanmasını engellemek ve midedeki asidi azaltmak içindir. Yani proton pompalamayı inhibe ederek o ilaçlar midedeki asidi azaltır.

İşte anlaşılması kolay olsun diye seçtiğim bu dolaylı örnekle de anlıyoruz ki protonlar bulunduğu her yerde asit artışı yaratıyor.

Hücredeki proton artıkları hem hücre içindeki antioksidan sistemlerle temizlenmeli, hem de fazlası zardan dışarı taşınarak bizi detoks eden atılım organlarına gönderilmelidir. Lenflerle, böbrekten idrarla, karaciğerden safrayla, bağırsaktan dışkıyla, ciltten terle, akciğerden nefesle bu protonlar atılmalıdır. Bu organların varlık sebebi bu atılımdır.

Atılım yavaşlarsa veya vücuda dışarıdan, mesela yiyecekle proton, yani serbest radikal alımı artarsa, hücre içindeki proton fazlalığı önce hücre zarına zarar verir.

Bu zarar şu sebepten olur: Hücre zarının "doymamış" yağlı yapısı, protondan kolay zarar görmesinin sebebidir. Kimyasal yapı olarak, hücre zarındaki bu doymamış yağların içinde fazladan elektronlar vardır. Bu yüzden protonlar eksik elektronlarını hücre zarından çok rahat çalabilir.

Asla unutmayın: Bir serbest radikal; yani protonu fazla,

elektronu eksik madde ne yapıp edip eksik elektronunu bir yerlerden bulacaktır. Bulana kadar asla durmaz. Doğanın kanunu böyle.

Hücre zarının doymamış yağlarındaki elektronlar, hücre içi antioksidan sistemlerin temizlemeye yetişemediği serbest radikallerin, yani protonların en kolay avlarıdır. Dolayısıyla hücre içerisinde normalden fazla serbest radikal oluştuğu zaman bunlar en kolay şekilde, birbirine çok da sıkı bağlanmamış olan hücre zarındaki doymamış yağlara saldırırlar.

Bir proton, yani serbest radikal eksik elektronları hücre zarından alırsa onun doymamışlığını doymuş hale getirir. Elektron çalınan zarın sıvıyağ halindeki bölümü katıyağa dönüşmeye başlar. Zaten elektronunu kaybettiği anda sadece katılaşmakla kalmaz, hücre zarının o kısmı kendi serbest radikal olur. O da hemen yakınından elektron çalmak isteyecektir ve bu böyle domino zinciri gibi devam eder.

Hücre içerisindeki proton yükü arttıkça hücre zarındaki hasar da artar. Sonuç kaskatı, duyarsız, sertleşmiş, iş görmeyen hücre zarıdır. **49**

Peki, bunca zarara sebep olan, hücre içerisindeki protonların sayısını artıran nedir?

1- Hücrenin antioksidan kapasitesinin azalmasına sebep olan alkali beslenme azlığı (sebze tüketmemek, alkali su içmemek, iyi yağları, tohumları tüketmemek gibi).
2- Proton yüklü, serbest radikal dolu asitli beslenme şeklinin fazlalığı (bol hayvansal gıda, işlenmiş ürünler, şeker, un, alkol gibi).

Alkali beslenmenin ve alkali yaşam şeklinin nasıl olduğunu ilerleyen sayfalarda uzun uzun anlatacağım. Böylece en kestirme sağlıklı yolu bulacağız. Zaten başka bir kurtuluş yolumuz da yok. Ama biraz daha sabredin: Önce alkali beslenmeyi umursamamanın vahim sonuçlarını biraz daha irdeleyelim.

Şimdi alkali beslenme azlığı ve asitli beslenme fazlalığı sebebiyle artan proton yükü, hücre zarından elektron çalıp onu katılaştırınca tam olarak ne oluyor, onu görelim.

Hücrelerin de kendi aklı var!

Evet, yanlış okumadınız! Hücrelerin de kendi aklı var ve bu akıl hücrenin zarındadır.

Zar hasarlanırsa hücrenin beyni gider.

* Hücrenin aklı başından giderse, büyük akıl olan beynin emirleri ona ulaşmaz.

Bu emirler beyinden hücrenin içine hücre zarlarıyla iletilirler. 100 milyardan fazla hücremiz var. Hücre zarı katılaştıkça hücrenin ana kumanda olan beyinle haberleşmesi bozulur. Beynin emirlerini taşıyan hormonlara ve diğer sinyallere cevap veremez.

* Hücre zarı hasarlanırsa üzerindeki hormon reseptörleri duyarsızlaşır.

Hücre zarının üzerinde her hormonu tanıyan anahtar delikleri şeklinde sayısız reseptör vardır. Reseptör, hormonu tanıyan ve hormonun emirlerini hücreye yaptıran aracıdır. Sadece insülin için tek bir hücrede binlerce reseptör olduğunu söylersem, reseptörlerin önemini anlatmam kolaylaşabilir. İnsülin dışında serotoninden tiroit hormonuna, testosterondan uyku hormonuna kadar tüm hormonlar ancak bu reseptörler vasıtasıyla hücreye istediği işi yaptırabilir. O iş insülinde olduğu gibi şekerin içeri alınmasından, tiroit hormonunda olduğu gibi metabolizmanın hızlı çalıştırılmasını emretmeye kadar her şey olabilir.

* Hücre zarı hasarlanırsa üzerinden elektrik sinyalleri akamaz.

Hücre zarı üzerinde diğer hücrelerle olan diyaloğu sağlayan elektriksel sensörler de bulunur. Zarlar üzerinde, sinir hücreleriyle beyinden gelen elektrik iletisini ileten ideal bir elektrik voltajı vardır. Bu voltaj, hem hücre zarının içinde hem dışında özel bir milivolt değerindedir. Bu voltaj, dinlenme halinde ve iş yapar haldeyken farklı değerlerdedir. Emir alan bir hücrenin hücre zarı voltajı emri yerine getirdikten sonra hemen dinlenme voltajına dönmelidir. Dinlenme moduna geçmeden hücre yeni emir alamaz, bir önceki emirde takılı kalır. Bu ise pek çok hastalıkta temel problemdir. Hücre zarının çalışırken ve dinlenirken ideal değerde olması şarttır.

Bu voltajın ideal değerde olması hücre zarı akışkanlığına bağlıdır.

Zar katılaşırsa voltaj değişir. Katılaşma elektron kaybı demek olduğu için, elektronun olmadığı yerde elektrik akımı yavaşlar. Vücuttaki biyoelektrik zardaki elektronlar üzerinden akar. Katılaşmış zarın elektrik iletkenliği azalır. Voltaj değişir. Hem hücrelerin kendi aralarındaki, hem de beyinle arasındaki sinir iletisi bozulur.

İlerleyen sayfalarda alkali yaşam şekli olarak anlatacağım, çıplak ayakla toprağa basmak kadar basit bir yöntem bile bu şekilde dinlenme voltajına geçememiş kasılı hücreleri gevşetmek için iyi bir yöntemdir. Çünkü toprak, bedavaya alacağımız bol miktarda elektronun en iyi kaynağıdır.

* Hücre zarı hasarlanırsa zarın ideal titreşimi azalır.

Yine sıvılığı sayesinde hücre zarının kendine ait özel bir titreşim frekansı var. Sıvı olan hücre zarı daha çok titreşir. Elektron kaybedip katılaştıkça titreşimi, yani frekansı azalır. Oysa bu frekans, o hücrenin kendi hücremiz olduğunu bağışıklık sistemimize sürekli hatırlatan frekanstır. Zaten bağışıklığın birinci görevi, "kendinden olan" ile "kendinden olmayan"ı ayırmaktır. Bağışıklık sistemi, vücudun sağlam hücrelerini tanıyıp asla kendine saldırmamalıdır. Bağışıklığın gözünden kaçabilen kanser hücreleri aslında, zarları proton hasarından katılaşmış, vücudun tanıyabileceğinden çok daha az titreşim yayan uyuşuk hücrelerdir.

Alkali yaşamda da bahsedilen ve şu an tüm dünyada sağlık için çok yaygın kullanılan meditasyon, olumlu düşünme gibi yöntemler hücre zarlarının bu titreşimlerini, yani frekanslarını artırmak içindir.

* Zardaki sertleşme yüzünden, üzerindeki iyon kanalları da zarar görür.

İyon kanalları, zardan içeri ihtiyaç duyulan maddelerin sokulması, artıkların da dışarı atılması için kullanılır. Bu kanalların en çok çalışanı Na-K pompasıdır. Günlük enerjinin yüzde 30'unun buraya harcandığını hatırlatırsam önemi anlaşılır. Bu Na-K kanalının doğru çalışması için de hücre zarının hasarlanmamış olması şarttır. Yoksa hem hücrenin ihtiyaçlarını içeri sokmak zorlaşır, hem de içerideki artıkları temizlik sistemlerine gönderme işi yavaşlar. Oysa çöplerin sürekli atılması lazımdır.

Normalde potasyum (K) içeride, sodyum (Na) dışarıda çoktur. Bunlar yer değiştirerek hücre zarı kapılarını aralarlar. Sonra tekrar eski oranlarda kendi bölgelerine dönerler. Potasyum içeride, sodyum dışarıda kalır.

Kanallar iyi çalışmazsa hücre içinde sodyum (Na) birikir, hücre içi tuzlanır. Bunu gidermek için hücre içeri fazladan su çeker. Hücre şişer.

Hücre zarı sertleşmesi yüzünden diğer iyon kanalı olan kalsiyum (Ca) kanalı da hasarlanır. İşi bitince dışarı çıkması gereken kalsiyum içeride kalır. Bu da hücre içini kireçlendirir.

Hücre zarı proton saldırısına uğrarsa yukarıda bahsedilen tüm sorunlar başlar. Serbest radikal, yani proton saldırısına uğramış hücre zarı aynı zamanda oksitlenmiş demektir; proton saldırısına uğramış hücre zarı aynı zamanda asitlenmiştir. Tüm bunlar aynı anlama gelen tabirlerdir ve hepsi hücre ölümüne zemin hazırlar.

Bu şekilde hasarlanmış hücrelerin bir noktadan sonra yok edilip yerine yenisinin getirilmesi gerekir. Buna karar veren de bağışıklık sistemidir. Ama sonuçta bağışıklık sistemi de hücrelerden oluşur. Onların da zarları aynıdır. Vücutta proton yükü fazla oldukça onlar da zamanla aynı şekilde proton saldırısına uğrayacaktır. Zarları hasarlandığı için zayıflayan bağışıklık sistemi hatalı hücreyi tespit edemeyecektir. Böylece bağışıklık dedektöründen kaçan hatalı hücrede proton hasarı artmaya devam edecektir. Bu hasar DNA'ya varıncaya kadar sürecek, DNA'ya gelen hasarla hücre "başkalaşacak", mutasyona uğrayacaktır. Hücre bir kez başkalaşıp mutasyona uğradığındaysa kendini bağışıklıktan gizlemenin daha ileri yollarını bulabilir.

Bazen de, kendisi de hasarlanmış bağışıklık hücreleri, iyi görmeyen gözleriyle hatasız hücrelere saldırıp, otoimmün dediğimiz hastalıklara sebep olacaktır. Zaten otoimmün kendi kendine yersiz saldırı anlamına gelir.

Görüldüğü üzere kanser ve otoimmün hastalıklar da diğer tüm hastalıklar gibi hücre zarı hasarıyla başlar.

Bir hücrenin zarı proton saldırısıyla sertleştiğinde, bu sertlik onun bağışıklık hücreleriyle olduğu kadar hormonlarla da arasındaki iletişiminde problem yaratmaya başlar.

Hücre zarı sertleşmesi sonucu oluşan, günlük hayatta hepimizin adını sık sık duyduğu bir kavram var: İnsülin direnci.

İnsülin direncini kilo sorunlarından diyabete, bel yağlarından oto-immün hastalıklara kadar her türlü sağlık problemiyle beraber duyu-yoruz. İnsülin direncinin gençlerde, hatta çocuklarda bile neden bu kadar yaygın olduğuna kafa yoran pek çok hekim ve bilim adamı var. Şimdi, "Aaa, benim de insülin direncim var" dediğinizi duyar gibi oluyorum. Evet, hepimizde insülin direnci var. Daha doğrusu artık var! Modern yaşamın getirdiği asitlenme sebebiyle var. Ve aslında önemli olan nokta şu ki, insülin direnci sadece şeker ve insülinle ilgili bir olay değildir. Sadece şeker veya karbonhidrat tüketmeyerek insülin direnci düzelmez, sadece maskelenir. Her türlü asitlendiren beslenme şekli, hayvansal gıdalardan her türlü hazır yiyeceğe, stres-ten iyi uyuyamamaya kadar her şey insülin direnci geliştirir.

Nedir bu insülin direnci?

En bilinen hücre zarı hasarı insülin direnci dediğimiz bu durumdur.

53

* **İnsülin direnci, insülin ve şekerden öte hücrenin zarı ile ilgili bir konudur.**
* **Bu, hücrelerin zarları eskiden olduğu kadar insüline duyarlı değil demektir.**
* **Bu direncin sebebi, zar üzerindeki insüline cevap veren kısım olan insülin reseptörlerinin hasarlanmasıdır. Çünkü insülin, tüm diğer hormonlar gibi, hücre zarı üzerindeki kendine ait reseptör aracılığıyla hücreye emir verebilir.**
* **Hücre zarı hep bahsettiğimiz asit, serbest radikal ve proton saldırılarına maruz kaldıkça elektron kaybede-rek sertleşmiştir. Sıvı doymamış yağlı yapısı katı doy-muş hale gelmiş, sertleşmiştir. Hücre zarı üzerindeki tüm yapılar ve tabii hormon reseptörleri de bundan payını almış, duyarsızlaşmıştır.**
* **Böylece insülin direnci ortaya çıkar. Direnç gösteren, cevap vermeyen hücre zarındaki insülin reseptörleridir.**

Normalde sağlam hücre zarında insülin kendi reseptörüne anahtarla kilit gibi uyar. Zar sertleştiğinde zar üzerindeki reseptörlerin şekilleri de bozulur. Artık insülin anahtarına uymadıkları için onun istediklerini yapmakta zorlanırlar. İnsülin direncinde suç ne insülinde ne de sadece şekerdedir. Yaptırdığımız tahlillerde aslında insülin direncini çok sık tespit ederiz. Bu olduğunda da aslında zarların insülin dışında vücuttaki pek çok uyarıya karşı da aynı duyarsızlığı göstereceğini göz ardı ederiz. İnsülin direnci varsa bilin ki, tüm diğer hormonların emirlerine karşı da direnç başlamıştır. Çünkü her hormonun reseptörü yine hücre zarındadır.

Bu, **depresyon**un oluşumunda bile böyledir. Beyindeki hücre zarları da doymamış yağlardan oluşur ve onlar da asitlenmeye, yani elektron kaybetmeye çok müsaittir. Dolayısıyla onlar da sertleşir. Uyarı getiren taşıyıcılar olan nörotransmitterlere duyarsızlaşırlar. Bu yüzden mutluluk hormonu serotoninin kendimizi iyi hissettirmesinden mahrum kalırız. Depresyon en basit olarak, beyin hücre zarlarını iyi yağlarla yağlamakla düzelir. Omega-3 türevi doymamış yağların depresyona iyi gelmesi bu sebeptendir.

Unutkanlığın başlaması da benzer bir durumdur. Aynı mekanizmaya bağlı olarak sinir hücrelerinin kılıflarının hasarlanmasıyla oluşur. Sinir hücre kılıfları da serbest radikallerden ya da asit-proton saldırısı dediğimiz elektron çalma hamlesinden nasibini alır. Sinirlerdeki hücrelerin miyelin dediğimiz kılıfları elektron kaybedince buradan elektrik sinyali akışı yavaşlar. Yani sinir hücrelerinin üzerinden elektrik akımı yavaşlar. Çünkü elektrik akışı için elektronlar gerekir. Hatırlanmak istenen şey bir türlü akla gelmez.

Tek tek bütün hastalıkları sayabiliriz tabii ama sonuçta bilmemiz gereken, tüm hastalıkların temelinin hücre zarı hasarından başlamasıdır. Bunun sebebi de hücre içinde temizlenememiş proton yüküdür.

Bu protonlar:

1- Kontrol edemediğimiz proton kaynağından gelir. Bunlar mitokondride oksijenle glikozun enerji için yakıldığı sırada oluşur. Bu, yaşamımızı sürdürmek için kaçınılmaz bir süreçtir.

2- Kontrol edebileceğimiz proton kaynaklarından gelir. Bunlar vücudun asıl istediği şey elektron olduğu halde proton yüklü gıdalarla beslendiğimizde oluşur.

Proton kelimesi her geçtiğinde asitlenmeyi hatırlamamız gerektiğinden, vücudu asitlendiren gıdaların seçilmesi proton yükünün asıl kaynağıdır.

Bunları tükettikçe asitleniriz.

Aslında asitlenme sessiz sedasız gelişen, farkında olmadığımız en büyük tehlikedir.

Vücut bu proton yükünü atmak için hücre içinde olduğu kadar hücre dışında da çok büyük çaba gösterir. Böbrekler, deri, akciğerler, bağırsaklar tamamen bu proton yükünü atabilmenin temel organlarıdır.

Vücuttan toksinlerin atılımı asla aksamaması gereken hayati bir işlemler silsilesidir. Çünkü toksinler birikirse çürürüz.

Ve yaşlanma dediğimiz şey de kontrollü bir çürümedir.

Bile isteye kendimizi zehirlememek ve hızla çürümemek için bu toksinleri hızla atmalıyız. Peki, bu toksinlerden en hızlı ve kolay biçimde nasıl kurtuluruz?

4. bölüm

Asit-protonların vücuttan atılımı
Detoks organları

Kitabımızın en başından beri vücudun asit-alkali, yani proton-elektron dengesinin ne kadar önemli olduğunu her fırsatta vurguladık. Bu yüzden vücuttaki her yerin *ideal bir pH ayarı* vardır. Özellikle de sıvılarda çok nazik pH ayarlamaları yapılır.

En mühim olanı kanın pH ayarlamasıdır. Kan 7,35 ile 7,45 pH arasında hafif alkali değerdedir ve bu aralığının dışına çıkılmaz. Bunu sağlayabilmek adına kan dışındaki diğer sıvılarda ve hücrelerin içinde asitlenme mecburen artabilir.

Asitlenmeyi artıran en önemli unsur, besin seçimlerimizdir. Beslenme şeklimize göre hücrelerdeki asit yükünü artırabilir veya azaltabiliriz. Sonuçta kötü beslenmenin sağlığımıza olumsuz etkisi en temelde vücuttaki asit-proton yükünü artırarak olur. Doğru beslenme ise hücreye istediği doğru yakıtı veren gıdalarla beslenmedir.

En basit şekliyle anlatırsak

Bir hücrenin sağlıklı çalışabilmek için sadece iki temel isteği vardır:

1. İhtiyacı olanın verilmesi, yani bol elektron kaynağı besinlerin alınması
2. Artık çöplerin temizlenmesi, yani bol protonlu asitlerin atılması

Hücrenin artıklarını temizleyemediği durumda biriken protonlar bulundukları yerin pH'ını asit değere, yani pH 7'nin altına çekerler. Oysa iyilik ve sağlık hali alkali pH'la gelir.

Vücut sürekli kendini korumaya programlı muhteşem bir organik makinedir. Vücuttan asitleri temizlemek de en mühim işidir. Şimdi biz de hücre artıkları nasıl temizliyor öğrenebilirsek belki ona yardım etmemiz kolaylaşabilir.

Vücutta asitlenme yaratan bu artıklardan temelde üç şekilde kurtuluruz:

1- Gaz halinde olan asitler karbondioksit olarak akciğerden **nefesle** atılır.

2- Sıvı hale getirilebilen asit-toksinler **idrar** olarak böbrekten, ter olarak deriden, **dışkı** olarak bağırsaktan atılır.

3- Bu biçimde **atılamayan** asitler, "katı asit" olarak vücutta daha az zarar verecekleri yağ dokusu gibi emniyetli yerlerde depolanır.

Artıklardan kurtulmak vücut için enerji üretmek kadar önemlidir. Sadece bir günlük asitler vücuttan atılamayıp birikseydi hemen yaşam biterdi. Asit atma işi kesintisiz 7/24 devam eder.

Vücuttaki asitleri yok etmek için birçok **tamponlama sistemi** vardır. Tamponlama zararsız hale getirme, etkisizleştirme demektir. Kimya bilgisi olarak atık asitse, asidi etkisizleştirmek için tamponlayacak olan da asidin zıddı, alkalidir. Demek ki vücut asitleri tamponlamak için alkali kaynaklarını kullanır.

Kanın içinde; **hemoglobin, fosfat, bikarbonat isimleri ile bilinen alkali tampon sistemleri mevcuttur.** İlk tamponlama kanın içinde olur. Buradaki tamponlama kimyasal olay olarak, fazla protonlu, eksik elektronlu atomlardan oluşan kimyasal moleküllere elektron vererek onları zararsız hale getirmeye çalışmak şeklindedir. *Yani asit tamponlanması protonların tamponlanması anlamına gelebilir.* Bir seri kimyasal reaksiyonla bunlara elektron verilir.

Tamponlamada fosfat ve bikarbonat maddeleri elektron verici olarak kullanılacaktır. Bu maddeler elektron içerir. Ancak bunlar tek başına kanda iyon olarak uzun süre dolaşamayacaklarından kalsiyum, magnezyum, sodyum ve potasyum minerallerine bağlı olarak dolaşırlar. Bu mineraller, asit tamponlama işinde görev alan alkali minerallerdir.

Kalsiyum, magnezyum, potasyum ve sodyum alkali mineral-

lerdir. Beslenmedeki önemleri de en başta buna dayanır.

Kanın ilk aşama tamponladığı asitler, asit atılım organlarına gider. Biz bunları detoks organları olarak biliyoruz, yani de-toksin, de-proton, de-asit gibi. Böbrek, karaciğer, bağırsaklar ve akciğerler liste başındadır. Bu organların nasıl çalıştığına bakalım.

Akciğerler nasıl asit atar?

Akciğerler gaz halindeki protonları karbondioksit olarak atar. İyi nefes alarak oksijenle alkali olmak ve nefes vererek asit olan karbondioksiti atmak çok önemli bir asit atılım yoludur.

Oksijensiz birkaç dakikadan fazla yaşayamayacağımızı biliyoruz. Oksijen sudan ve yemekten daha zaruridir. Oksijenle yaşam enerjimizi üretiriz. Oksijen, yemekle aldığımız besinleri mitokondride yakarak enerji açığa çıkarır. Oksijen bu yiyeceklerdeki elektronları yakarak enerjiye çevirir. Besinlerdeki elektronlar, elektron transport zinciri denen bir sistemle ATP enerjisine çevrilir. Oksijen olmadan bu sistem çalışmaz. Oksijen olmadan elektronlar enerjiye çevrilemez. Oksijenin olmadığı enerji oluşum çabalarında, yani anaerobik enerji üretiminde sonuç laktik asittir. Adı üstünde laktik asit, asittir ve bulunduğu yerde proton yükü yapar. Proton yüklü her yer de hemen çürümeye başlar.

(Bu durum doğada da böyledir, çürüme asitlenme, proton yükünün artması demektir.)

Kanın görevi akciğerden alınan oksijeni eritrosit dediğimiz kırmızı hücreler vasıtasıyla vücudun her yerine taşımaktır. Eritrositin içindeki hemoglobin kanın oksijen taşıma kapasitesini gösterir. İdeal pH'ı 7,35-7,45 gibi dar aralıkta tutulan kanın oksijen taşıma kapasitesi bu küçük aralıkta yüzde 30 kadar değişir. Yani kanın 7,45 değerinde en alkali olduğu haldeki oksijen taşıma kapasitesi, 7,36 olduğu haldekinden yüzde 30 fazladır. Başka bir deyişle kanın makul aralıklarda biraz asitlenmesi bile kandaki oksijeni yüzde 30 azaltır. Asitlenmenin aldığımız nefesteki faydayı bile azaltması dehşet verici değil mi?

Tüm vücudun yeterince oksijenlenmesi mikroplara karşı da

koruyucudur. Mikroplar oksijensiz ortamda çok daha hızlı ürerler. Aynı şekilde kanser hücreleri de oksijenin azaldığı dokularda kolaylıkla oksijensiz enerji üretme modelini uygulayarak çoğalırlar. Sigaranın kanser yapmasının asıl sebebi nikotin değil, dumanının akciğerleri yıllarca oksijensiz bırakmasıdır.

Bu bakış açısıyla, iyi çalışan akciğerlerin ve doğru nefes almanın önemi hemen anlaşılır. Zaten her oksijen de iyi oksijen değildir. İdeal oksijenin de fazladan elektronlusu vardır ki bu bir nefeste yüzlerce antioksidan almak demektir. **Doğru oksijen, doğru su gibi alkali yaşamın temelidir.** Bu konuyu ilerleyen bölümlerde daha detaylı ele alacağız.

Akciğerlerin gaz halindeki karbondioksit toksinini attığını öğrendikten sonra, şimdi de sıvı haldeki toksinler nasıl atılıyor, bunu öğrenelim.

Karaciğer, böbrekler ve bağırsaklar sıvı haldeki toksinlerin atıldığı önemli detoks organlarıdır.

Karaciğer nasıl asit atar?

Vücuda giren maddeler detoks edilmek ve ayrıştırılmak için karaciğerden geçer. Tüm yiyecekler, yiyeceklerin içindeki kimyasallar, alkol veya ilaçlar, hormonlar, hepsi karaciğerden geçerek detoksifiye olur. Karaciğer, her şeyin içindeki zararlıları zararsızlardan ayırır. Bu önemli organımız çok güçlü bir ayrıştırma fabrikasıdır. Tüm vücuttaki yağda eriyen toksinlerin suda erir hale getirilmesi karaciğerin işidir. Çünkü toksinler suda erir hale getirilmezse idrar ve dışkı ile atılamazlar.

Karaciğer, faz 1 ve faz 2 denen iki aşamalı bir detoksifikasyon işlemi yapar. Toksinler önce faz 1'de ayrıştırılır, ardından atılım için faz 2'ye yönlendirilir. Esasında bu iki fazlı detoksifikasyonda yapılan şey, protonlara elektron vermekten öte bir iş değildir.

Glutatyon adıyla bildiğimiz, karaciğerin temel antioksidanıdır. Glutatyon, glutatyon oksidaz enzimiyle kendisi okside olup elektronunu verir. Bu elektron serbest radikallere eksik elektronu temin eder. Glutatyon sayesinde serbest radikalin hücrenin zarından elektron çalması engellenmiş olur. Hücreye saldırabilecek zararlı asitler, protonlar, serbest radikaller nötralize edilir. Glutatyon, bu nötralizasyona harcanarak azalan elektronunu, glutatyon redüktaz adlı enzimiyle kendini redükte ederek tekrar geri kazanır. Bu aşamalarda C vitamininden selenyuma kadar adını antioksidanlar grubunda duyduğumuz pek çok yardımcı elektron sağlayıcılar da devrededir. İçinde antioksidan olduğu söylenen her besin burada yardımcıdır. Antioksidan içeren besinler aynı zamanda alkali besinlerdir. Bunların ağırlıklı olarak sebzeler, meyveler, baharatlar ve tohumlar olduğunu biliyoruz. Demek ki bu besinler detoksta da yardımcıdır.

Glutatyon vücudun en önemli antioksidanıdır ve en çok karaciğerde bulunur. *Anti-aging* tedavilerde ağızdan ve damardan verilerek de kullanılabilir.

Karaciğerin başka detoksifikasyon yöntemleri de olmakla beraber faz 1, faz 2 ve glutatyonu bilmek bizim için yeterlidir. Çünkü karaciğer detoksuna yardım edebilmek için bu fazları nasıl güçlendireceğimizi ileride anlatacağız.

Yeri gelmişken tam da burada *yağsız diyetlerin ve ağır hayvansal protein diyetlerinin karaciğer detoksu açısından sağlıksız* olduğundan bahsedebiliriz.

61

Karaciğer hayvansal proteinleri de detoksifiye eden yerdir. Bu proteinlerin sindirimi ve ayrıştırılması sonucu son atık ürün olarak amonyak oluşur. Amonyak zehirlidir. Bu yüzden amonyağı daha az zararlı üreye çevrilerek idrarla atılsın diye böbreğe gönderen de karaciğerdir. Karaciğerimiz bunu her protein yediğimizde yapmak zorundadır. Mesela siroz hastalığı olanlarda karaciğer çalışması yavaşladığı için protein alımının çok azaltıldığı diyetler verilir.

Benzer şekilde karaciğer yağda eriyen toksinleri ise safra yolu ile atılsın diye bağırsağa gönderir. Diyetlerde tamamen yağsız yeme alışkanlığı bu sebeple karaciğer detoksu açısından iyi değildir. Çünkü safra bağırsağa yağ emilimi sırasında dökülür. Safra sfinkteri denen kapak, ancak bağırsakta yağ olduğunda o yağı içeri alabilmek için kasılır. Kendi içindeki toksinleri de o esnada bağırsağa bırakır. Böylece toksinler dışkıyla atılacaktır. Bu sebepten yağsız yemek safranın bağırsağa dökülüşünü azaltır. Aynı şekilde karaciğerden toksin atılımı da azalır.

Ayrıca lifli besinlerin yenmemesi de safradaki artıkların bağırsakla yeterince hızlı uzaklaştırılamamasına sebep olur. Çünkü bağırsakta lif yoksa bağırsak hareketleri yavaşlar. Bu sırada safrayla bağırsağa dökülen toksinler bekledikçe geri emilirler. Bu toksinler tekrar karaciğere gider, tekrar detoks edilir, tekrar safrayla atılmaya çalışılır. Böylece bir kısırdöngü oluşur. Ayrıca lifler safradaki toksinleri kendileri emerek bu gerialıma engel olur. Lifli beslenmenin en kolay yolunun da çiğ sebze ve meyve tüketmek olduğunu biliyoruz. Alkali beslenmek, yani çiğ sebzelere ağırlık vererek beslenmek en fazla lif sağlayan beslenme şeklidir.

Meraklısına

Vücut içinde her gün pek çok hormon üretilir ve işi biten günlük hormonların da temizlik yeri karaciğerdir. Tiroit hormonundan uyku hormonu melatonine, seks hormonu testosterondan stres hormonu kortizole kadar hepsinin fazlası karaciğerden temizlenir.

Mesela kadınlarda, östrojenin günlük ihtiyaçtan fazla olan kısmı karaciğere detoksa gider. Östrojen, faz 1 ve faz 2 detoks sistemlerinden geçerek ayrıştırılır ve artıkları safra ile bağırsağa atılır. Bağırsak yavaş çalışıyorsa ve lifli besinlerle beslenilmiyorsa, atılacak olan östrojen geri emilip tekrar karaciğere detoks için getirilir. Sanki vücut fazla östrojen üretmiş gibi olur. Görüldüğü üzere meme sağlığı ile bağırsak sağlığı bu şekilde birbiri ile alakalıdır. Lifsiz beslenme ve kabızlık bu sebeple meme sağlığını olumsuz etkiler.

Ayrıca östrojen gibi diğer hormonlar da karaciğerde aynı fazdan detoks olur. Mesela stres hormonu kortizol, strese bağlı olarak fazla oluştuğunda belli bir zaman sonra karaciğerde aynı yerden detoks edilmek durumundadır. Aynı şekilde de dışarı atılacaktır. Karaciğerdeki bu fazların iyi çalışmaması kanda daha uzun süre stres hormonunun, yani kortizolün kalmasına sebep olur. Vücutta kortizol mevcudiyeti her zaman yapım yerine yıkım durumunu yaratır. Başta bağışıklık sistemi hücreleri olmak üzere tüm sistemler kortizolün varlığından olumsuz etkilenir. Sağlıklı çalışmayan karaciğer ve bağırsaklar vücuttan atılmak istenen stres hormonunun atılamamasına sebep olur. Pek çok hastalığın başlamasında stresin rolü olduğunu biliyoruz. Günlük sorunlarımızın yarattığı stres hormonu kortizolün derhal temizlenip atılması gereklidir.

Ayrıca kahve ve alkolün de detoks edilmek için benzer şekilde bu karaciğer fazlarını kullandığını hatırlatalım. Bunları tükettikçe karaciğer onları detoks etmekle, vücuttaki fazla östrojen, kortizol gibi hormonları detoks etmek arasında gidip gelecektir.

İnsanların karaciğer detoks kapasiteleri farklıdır. Bazılarında faz 1 yavaştır, bazılarında hızlıdır. Örneklersek, bazı insanlar uyumadan hemen önce bile koyu bir kahve içerler ama yine de derin bir uykuya dalabilirler. Bazıları ise akşamüstü içtiği çay kahveden etkilenip uyuyamazlar. Birinci gruptaki insanlar, yani kahve içip uyabilenler, kolay sarhoş da olmazlar. Kahveden uykusuz kalanlar ise az miktarda alkolden bile etkilenebilir.

İnsanlar arasındaki bu farklılığın sebebi karaciğerdeki faz 1 ve faz 2'nin detoks kapasitesi ile ilgilidir. Özellikle faz 1'i yavaş olanlar kahve ve alkole dayanıksızdırlar. O halde bu kişilerin meme sağlığı ve bağışıklık sistemini korumak için kafein ve alkolden uzak durmaya daha çok özen göstermeleri gerektiği sonucunu çıkarabiliriz.

Karaciğer detoksuna yardım için lifli besinleri tüketmeli, bol safra atımı için de iyi yağları beslenmemizden eksik etmemeliyiz.

Faz 1 yetersiz olduğunda faz 2'nin gücünden yararlanabilmek için C vitamini içeren besinleri ve brokoli, karnabahar, brüksellahanası gibi besinleri, ülkemizde bulunmayan İ3C veya DİM desteğini tüketebilirler. Bahsedilen besinler faz 2'yi güçlendirirler. Faz 1'de yapılamayan işlemin faz 2'ye geçmesini ve böylece detoks kapasitesinin artmasını sağlarlar.

Ayrıca şunu da belirtmek isterim ki greyfurt meyvesi bu fazları tamamen ele geçirir ve faz 1 sorunu yaşayanların veya medikal ilaç kullananların greyfurt tüketmemesi önerilir.

Bu asit-toksin atma işine sadece karaciğer yetmez. Çünkü sistem hiç durmaz. Ne yaparsak yapalım her saniye, her an, biz nefes aldıkça hücreler de nefes alır, çalışır, enerji üretir ve sürekli artık çıkarır.

Hayatta olma halini sağlamak, sürekli devam eden büyük bir iştir. Milyarlarca hücre fabrikalar gibi üretir durur. Enerji üretir, hormon üretir, kıkırdak üretir, enzim üretir, protein üretir... Bu fabrikaların artığı asit-toksinler sürekli dolaşıma atılır ve bu toksinler nötralize edilmelidir.

Böbrekler nasıl asit atar?

Böbrek sıvı asitleri atan en önemli organdır.

Vücutta en çok asit birikimi sıvılar içinde olur. Bu yüzden asit atılımında böbreklere çok iş düşer. Çünkü vücudumuzun yüzde 70'i sıvıdır. Vücudumuzun toplam ağırlığının yüzde 70'ini oluşturan bu sıvının yaklaşık yüzde 55'i hücrelerin içindedir. Yani vücuttaki suyun asıl bulunduğu yer hücrelerin içidir. Geri kalan yüzde 15 ise hücrelerin dışındadır. Bunun bir kısmı kandır ki bu yüzde 5 kadardır, geri kalanı da lenf ve diğer sıvılardır, bu da yüzde 15 kadardır. Görüyoruz ki asıl asitlenmemesine dikkat ettiğimiz kan sıvısı diğer sıvılara göre çok daha az miktardadır. Ama kanın içerisindeki proton yükünü düşük tutmak vücut için hayati önemdedir.

Tüm bu sıvılardaki asit-proton artığını temizlemek böbreğin işidir. Böbrekteki temel asit temizleyen tamponlar kandaki gibi bikarbonat ve kalsiyumdan oluşan tamponlardır. Böbrek bikarbonat veya kalsiyum bikarbonat kullanarak bu asitleri tamponlar. Sonra bunları idrarla dışarı atar. Böreğin temel görevi asit atmaktır. Zaten idrar çoğunlukla asit değerdedir.

Asit ve alkali değerinin pH ile ölçüldüğünü hatırlayalım. pH değeri 7'nin altında ise o sıvı asittir ve protonla doludur. İdrar pH'ı da genelde 5-7 arasında bir değerdedir. Yani idrar asit pH'tadır. Ancak idrar pH'ı 4,5'in altına inmez. Mesela pH 3 gibi kuvvetli bir asit değerde idrar atamayız. Vücutta ne kadar asit yükü olursa olsun böbrek bu asit değerinde idrar atılmasına izin vermez. Çünkü bu değerdeki asit böbreği parçalar. Bu asitler mutlaka sulandırılarak ve tamponlanarak atılırlar. Bahsedilen bikarbonat tampon bu iş için kullanılır.

Mide suyunun pH'ı 1,5 gibi çok asidik bir değerdedir.

Tükürük pH 7,1 ile hafif alkalidir.

Pankreas sıvısı ise pH 9 değeri ile vücudun en alkali sıvısıdır.

Vücuttaki tüm sıvılar mide dışında alkali pH'ta olmalıdır. Yani içlerinde proton değil elektron fazlası bulunmalıdır.

Vücutta sadece midede çok yüksek değerde asit vardır.

Mide suyundaki bu asidik durum gereklidir. Protein içeren besinlerin sindirimi için lazımdır. Ancak sindirildikten sonra proteinler mideden bağırsağa midenin asit değerinde geçseydi bağırsak delinirdi. Bu asitleri nötralize etmek için pankreastan bağırsağa alkali sıvı salınır. Pankreas sayesinde bu asitler bağırsağa zararsız hale getirilir.

Ancak şu nokta önemli: Midede ne kadar protein olursa ve o protein ne kadar zor sindirilen bir protein türü olursa, o kadar çok mide asidi sindirim için kullanılır. Bu zorlu sindirimden sonra mideden çıkan asitli protein bulamacı bağırsağa zarar vermesin diye, pankreas o miktardaki alkali sıvısını bu asitli besinleri nötralize etmek için kullanmak zorundadır. Pankreasın harcadığı bu sıvı vücudun alkali rezervinden alınır. Bu sıvının içinde alkali bikarbonat tamponu vardır.

Ne kadar çok işlenmiş, kötü pişirilmiş özellikle de hayvansal protein tüketilirse, sindirim için de o kadar çok mide asidi kullanılır ve bedel olarak da vücudun alkali rezervinden harcanır. Zaten sağlıklı besin ile sağlıksız besin veya asitli besin ile alkali besin ayrımında bu da bir kriterdir. Sindirimi zor hayvansal protein içerikli besinler yendikçe, midede daha uzun süre asit salınımı olacaktır. Bu asitli bulamaç incebağırsağa zarar vermesin diye daha çok alkali sıvı pankreas vasıtasıyla bu besinlerin üzerine dökülecektir.

Pankreasın harcadığı bu alkali sıvının ana maddesi de vücudun biricik alkali gücü bikarbonattır.

Hayvansal besinler yerine bitkisel gıdalarla beslendiğimizde tüm bu süreç bedelsiz olarak gerçekleşir.

* Bitkiler midede sindirilmek için yüksek mide asidine gerek duymazlar.

* Pankreastan da bikarbonat harcatmazlar.

* Bitkilerin içindeki kalsiyum, magnezyum, sodyum ve potasyum alkali mineraller olduğundan bitkilerin kendisi zaten alkalidir.

* Ayrıca bitkiler kendi kendilerini sindirecek enzimlere sahiptirler.

* Pankreastan sindirim enzimi de istemezler.

Demek ki tam da anlattığımız nedenlerle alkali beslenme pankreası korur!

Böbrekler pek çok kimyasal reaksiyon sonucu asitleri idrara gönderir. Her gün idrar yapmamızın sebebi vücuttan asit atmaktır. Böbrekler çalışmazsa kanımız zehirlenir. Su içmenin temel anlamı böbrekle bu asitleri atmaktır. Su içmeden yaşayamamamızın sebebi, susuz asit atmanın mümkün olmamasıdır. Su en iyi asit çözücüdür. Kanda olduğu gibi böbrekler de asitleri zararsız hale getirmek için alkali tamponlar kullanırlar. Bunun için alkali iyonlardan yararlanırlar. Bunlar kanda olduğu gibi fosfat ve bikarbonat tamponlarıdır. Ancak bu iyonlar iyon oldukları için tek başlarına duramazlar. Molekül olabilmek için sodyum, potasyum, magnezyum ve kalsiyuma bağlı olarak bulunurlar.

Dolayısıyla bu mineraller de vücudun alkali olma çabasına yardım eden alkali mineraller adını alır. Bunlardan kalsiyum minerali, bikarbonatla beraber asit nötralize etme işinde başroldedir.

Kalsiyumla asit atma

Kalsiyum alkali minerallerin en önemlisidir.

Çünkü vücutta en çok kalsiyum minerali bulunur. Bu yüzden asit tamponu olarak en çok kalsiyum kullanılır. Ancak kalsiyum tek başına değildir. Yanında onun alkali yapmasını sağlayacak olan kalsiyum karbonat ve kalsiyum fosfatla beraberdir. Bunlar böbrekte asit tamponlama işinde tüketilince ve hâlâ atılacak asit varsa, ihtiyacı karşılamak için bunların deposu olan kemiklere başvurulur. Kemikler kalsiyumu, kalsiyum fosfat ve kalsiyum karbonat olarak depolarlar. Ne zaman asitlenmenin çok artması sebebiyle kanda bikarbonat ve fosfat tamponları azalsa kemikten depolanan kalsiyumla beraber bu tamponlar çekilir. Asitlenme arttıkça kemikten kalsiyum çalınması artar. Kemikten kalsiyum karbonat çalındıkça kemikler erir. Aslında kemikler alkali rezervlerdir. Asitlenme arttıkça rezervler erir, osteoporoz oluşur. Osteoporoz asit atma çabasının sonucu olan durumdur.

Osteoporoz ile asit atma

Belki şu soru sizin de aklınıza gelmiştir: Niye her yaşlıda osteoporoz olur?

Yaşlanma ile osteoporoz arasındaki ilişkiyi anlamak için
Öncelikle şunu hatırlamalıyız:
Yaşlılık **aslında bir proton fazlalığı durumudur.**
Osteoporoz, ilerleyen bir asitlenme hastalığıdır. Yaşlandıkça artan asitlenmeyi gidermek için sürekli kemikten kalsiyum karbonat ve kalsiyum fosfat tamponlarının çekilmesi sonucu oluşan kemik kaybıdır.

Biz kemiklerin de canlı, yaşayan beden parçaları olduğunu unutuyoruz. Sürekli sabit ve değişmez gibi duruyorlar. Oysa tüm diğer dokular gibi onlar da canlıdır. Sürekli yapım ve yıkım arasında bir harekete sahiptirler. Kemikler 1,5 kilo kalsiyumu absorbe ederler. 680 mg fosfat, 25 mg magnezyum içerirler. Kalsiyumun neredeyse yüzde 99'u kemiklerdedir. Geri kalan çok az bir kısmı ise kandadır. (Kalsiyumun kandaki kısmı kas kasılmasından hücre membranındaki iyon kanallarına kadar pek çok metabolik olayda gereklidir.)

Kalsiyum ihtiyacı ve kemik sağlığı arasındaki bağlantı çok vurgulanmıştır. Oysa kalsiyumun asıl yaptığı, asit tamponlamak ve vücudu alkali hale getirmektir.

Demek ki aslında kemik sağlığı ile alkali olmak arasındaki bağlantının vurgulanması gerekir.

Kemik sağlığını korumanın birinci kuralı kalsiyum içeren besinleri almaktan çok, alkali besinleri tüketmekten geçer.

Sonuçta vücut ne kadar alkali ise o kadar az kalsiyum karbonat, kalsiyum fosfat tamponlarına ihtiyaç duyar.

Kalsiyum-kemik sağlığı ilişkisi, kalsiyum karbonat ve kemik sağlığı ilişkisi şeklinde kurulmalıdır.

Süt ürünlerinin kalsiyum içermesi sebebiyle yıllardır bize hep süt ürünlerinin kemik sağlığına iyi geldiği anlatıldı. Her birimiz çocukluğumuzda süt bıyığı olan reklamlarla süt içmeye özendirildik. Geçen yıllar gösterdi ki osteoporozun en yaygın görüldüğü ülkeler süt ürünlerinin en çok kullanıldığı ülkeler aynı zamanda. Demek ki kemik sağlığını asıl koruyan gıdalar vücudu alkali yapan gıdalardır. Tüm yeşil sebzelerden tohumlara kadar pek çok bitkisel kalsiyum kaynağı vardır. İçlerinde kalsiyum olmasının yanı sıra vücudu alkali yaptıkları için kemikten kalsiyum kaybına da engel olurlar. Asitlenme ne kadar azsa kemikten kalsiyum kaybı o kadar az olur.

Biz hekimler kalsiyum kaybı ve osteoporozu asitlendirme ile ilişkilendirmediğimiz sürece bu osteoporoz meselesindeki savaşı kaybederiz.

İlk 18 yılımızı kemiklerimizi büyütmek, oluşturmak için harcıyoruz, oysa geri kalan yılları da onu asit tamponu olarak yavaş yavaş eritmek için geçiriyoruz. Çünkü vücudu alkali yapmak ve proton yükünü azaltmak için en önemli kaynak kemiklerdeki kalsiyum ve karbonattır.

İster asitlendiren gıda seçimleri sebebiyle olsun, ister metabolizmanın kendi artıkları olsun, asidin kaynağının ne olduğu fark etmiyor; derhal vücuttaki tüm tampon sistemleri bu asitleri yok etmek için kullanılıyor. Kandaki tamponlar bittiğinde de kemiklere başvuruluyor. Kemikten kalsiyum karbonat veya kalsiyum fosfat isteği olduğunda osteoklastlar, yani kemiği yıkan hücreler kemikten bunları söküp kana veriyor. Asitlenmeye neden olmayan alkali besinlere ağırlık verildiğinde bu sefer osteoblastlar, yani kemik yapan hücreler devreye giriyor, besinlerdeki kalsiyumu kemikte depoluyor.

Osteoporoz problemi asitli beslenmenin yıllar boyu sürmesi yüzünden yaşlanınca karşımıza çıkıyor. Bu yüzden osteoporoz genç hastalığı değildir. Gençken asit yükü azdır ve vücudun asitle baş etme kapasitesi de daha yüksektir. Asit tamponlamak için kalsiyum karbonat çalındıkça kemikler süngerleşir, kolay kırılır hale gelir. Zaten yaşlılık toplamda bir asit birikmesi durumudur.

Yapılan pek çok çalışmada yiyeceklerden gelen asit yükünün kemik sağlığı üzerine etkileri incelenmiştir. Protein kaynağı olarak hayvansal gıdaların, bitkisel proteinlerden daha fazla tüketildiği durumlarda kalça kırıklarının arttığı gözlemlenmiştir. Bu çalışmalarda, beslenmede sebze proteininin hayvan proteinine oranı 1-1, yani eşit ise, 100.000 kişide 200 kalça kırığı görülmüş; ama sebze proteininin hayvan proteinine oranı 2-1 ve 5-1 olduğu, yani sebzenin 2 veya 5 kat fazla kullanıldığı beslenme modellerinde kalça kırığı 100.000 kişide 10'a kadar düşmüştür. Yani sebze proteinini artırmak yüzde 95 oranında kalça kırıklarında azalmaya neden olmuştur.

Kadınlarda osteoporozun menopozdan sonra östrojen eksikliği

sebebiyle olduğu da yaygın bir görüştür. Oysa osteoporozun olması yıllar alır. Çalışmalar osteoporoza bağlı yıkıcı kemik lezyonlarının 25 yaşlarında ufak ufak başladığını, 40'larda bir artış gösterdiğini ve 70 yaşında tam tepe noktaya çıktığını gösterir. Yaşı 80 olan insanların yüzde 97'sinde osteoporoz vardır. Demek ki kemik sağlığını korumak için gençlere de uyarıda bulunmak gerekir. Gençlerin de erken yaşlardan itibaren, asitlendiren yiyecek seçimlerini azaltmaları gerekir. Bir yeniyetmenin ağzına koyduğu her şekerli kola, kızarmış patates, pişmiş et, cips, jelibon vs. onun ileriteki osteoporozuna bugünden zemin hazırlamaktadır.

Vücudu asitlendiren besinlerin artıklarını atabilmek için, doğduğumuz günden itibaren çalışan sistemlerimiz var. Hücrelerimizin ömrü tamamen bu artıklarını atabilmeleri ile doğru orantılıdır.

Temiz hücre, uzun ömür demektir!

Ama tabii temizlik de kolay olmuyor. Beslenmeyle gelen yiyeceklerdeki artıkların atılım yolu olan mide-bağırsak sistemine de bir bakalım. Çünkü ağzımıza koyduğumuz her şey ana çöp öğütücü olan mide-bağırsak sistemine gidiyor.

69

Bağırsaklar ile asit atma

Atılım işlemi dediğimiz anda, en çok şeyi içeri alan ve en çok şeyi dışarı atan bağırsakları akla getirmeliyiz. Esasında bağırsaklar en yakından takip edilmesi gereken asit atılım sistemidir.

Bağırsaklar iyi çalışıyorsa diğer her şeyin de yolunda olma ihtimali yüksektir.

Bağırsaklarınız iyi çalışıyorsa sadece vücut içinde değil, hayatınızda da her şeyin yolunda olduğunu düşünebilirsiniz.

Esasında bir insanın kişiliği hakkında bile bağırsak hareketlerine göre karar verebiliriz. Çünkü orada çok fazla ipucu var. Ama çoğu kişi, hatta çoğu hekim bağırsak sağlığını o kadar da önemsemez. Bağırsak sağlık açısından en önemli organımızdır. Sağlığı koruyan organların kralıdır. Bağırsaklarımız hem bizi çok kolayca iyileştirebilir, moralimizi yükseltebilir, bizi neşelendirebilir, hem de bizi depresyona sokmaktan tiroit hastalığına veya diğer bağışıklık sistemi hastalıklarına kadar götürebilir. Evet, bunu tek başına yapabilir.

Her hastalıkla bağırsak sağlığı arasında bir ilişki vardır. Fakat bu ilişki yeni yeni fark ediliyor. Bütün bu beslenme, diyet kitaplarının sebebi de bağırsaklardır. Yeme eylemi devam ettiği sürece ve bitkiler gibi güneş ışığı olan fotonlar üstünden enerji kazanamadığımız sürece bağırsaklar sağlıktaki önemlerini koruyacaklar.

Bağırsaklar konusunda iyi haber şu ki, bu organımız bizim manipüle edebileceğimiz organlardandır. Bağırsaklarımıza ne koyduk ne çıkardık kontrol edebiliriz. Esasında ağızdan anüse tüm sindirim sisteminin sağlığını ve dolayısıyla kendi sağlığımızı, içimize aldıklarımızı ve bedenimizden çıkardıklarımızı kontrol ederek koruyabiliriz.

Bağırsaklar toksinlerin atıldığı en önemli asit atılım organlarıdır. Ancak bağırsaklar asitlenme sebebi de olabilirler. Burada başlayan asitlenme pek çok hastalığın oluşumunu ve şiddetini artırır. Bunu kontrol etmenin tek yolu da içeri ne koyduğumuzu kontrol etmekten geçer.

İnanın bağırsaklarımızın sağlığı bizim sağlığımızdan önemlidir. Sağlığımızın kontrol gücü bağırsaklarımız sayesinde elimizde ama biz çoğunlukla bu gücü kullanmıyoruz.

Aslında doğanın mükemmel işleyişine uyarak vücuda gerekli besinleri versek ve gereksiz artıkları vücuttan atma çabasına destek olsak bir sorun olmaz. Oysa kendini beğenmiş insan türü olarak yaptığımız yanlışlarla biyolojinin kurallarını aşabileceğimizi varsayıyoruz. Oysa o pek değerli insan olma halimizin hem biyolojik hem psikolojik esenliği bağırsak sağlığı iyi değilse bozulabilir. Psikolojimizin bozulması bağırsak sağlığını bozduğu gibi, bağırsak sağlığının bozulması da psikolojik bütünlüğümüzü bozar.

Bağırsak sağlığına dikkat etmemek önsezilerimizi bile azaltır. Amerikalıların *gut feeling* dedikleri böyle bir şeydir. Stresli bir durumdayken bağırsaklarda gaz, şişkinlik olması, hazımsızlık, ishal, kabızlık durumu yaşamamız biz fark etmesek bile bir şeylerin ters gittiğini gösterir. Hemen herkes stresli anlarda bu tür sorunlar yaşar. Bu bir seyahat veya iş stresi olabilir ya da duygusal bir stres yaşıyor olabiliriz. Bize sorulduğunda aklımıza gerçek bir problem gelmese de bağırsaklar bir şeylerin yanlış olduğuna dair sinyaller verebilir. Boşuna bağırsaklara ikinci beyin dememişler!

Vücudumuzun en geniş organını deri zannederiz ama aslında bağırsaklardır. Kıvrımlı yapıları ile çok geniş bir yüzeye sahiptirler. Bağırsaklar aslında vücudun içinin derisidirler. Tıpkı dıştaki derimiz gibi dış dünyayla aramızda sınır oluştururlar. Bizi dış dünyaya karşı korumaya çalışırlar. Ağızdan giren her şey o "sınır"dan geçmek zorundadır. O sınırın duvarını oluşturan tuğlalar ise, bağırsak duvarı hücreleridir. Bu hücreler gelen her şeyi iyi-kötü diye seçerek içeri alırlar. Bağırsaklardaki bu sınır duvarındaki hücrelerin her birinin hasarsız olması ve duvarda çatlak olmaması lazımdır. Yoksa kontrolden geçmeyen kötü parçalar içeri gizlice sızar. Sıkı ve sağlam bağırsak duvarı istenmeyeni içeri almamak için çok önemlidir. Çünkü vücudumuz, içerisini oraya ait olmayan yabancılara karşı korumak için programlanmıştır. Bu yüzden derimiz bizi korur, mikrop kapmamızı engeller.

Bu koruma deride de, bağırsakta da çok güçlü bir savunma ordusu ile yapılır ki bunun immün sistemi veya bağışıklık sistemi olduğunu hepimiz biliyoruz. Yani savunma sistemimizdir. Vücudumuzun dışarı ile teması olan her yerinde bu savunma sisteminin koruyucu askerleri vardır. Deri dışarı ile temas sınırıdır ve bu bölgede bolca asker vardır. Akciğer hava yoluyla dışarıyla temas duvarıdır ve burada da bolca savunma askeri vardır. Ama en çok savunma askeri bağırsak etrafında bulunur. Aslında vücuttaki askeri savunmanın yüzde 80'i bağırsak çeperindedir. Çünkü dışarıdan gelen maddelerle en çok temas burada olur.

Bağırsak ve bağışıklığın ne ilgisi var?

Bağışıklık sisteminin birinci görevi, "benden" olan ve "benden olmayan" ayrımını yapmaktır. Sağlıklı olmak bu ayrımı iyi yapan bir bağışıklık sisteminde yatar.

Bağışıklık sisteminin görevleri şunlardır:
* Dışarıdan gelenin "kendinden olmayan" olduğunu anlamak
* Dışarıdan gelenin kendisine zarar verip vermeyeceğini anlamak
* Zararlı bulduklarını yok etmek

Bunlar dışarıya karşı görevleridir. İçeride de görevleri vardır:
* Vücut içinde eskiyen, hasarlanan hücreleri bulmak ve bunları yok etmek
* Bunu yaparken vücudun sağlıklı kısımlarına dokunmamayı ve bunların "kendinden" olduğunu bilmek

Vücuttaki hasarlı hücrelere kanser hücreleri de girer, iltihap hücreleri veya ömrünü doldurmuş, eskimiş hücreler de. Tüm bunların tespit edilmesi bağışıklık sisteminin askerlerinin işidir.

Özetle bağışıklık sistemindeki savunma askerleri;
* Dışarıdan gelenlerde zararlı-zararsız ayrımını,
* Vücuttakilerde yararlı-yararsız ayrımını doğru yapmalıdır.

Biz her yemek yediğimizde savunma sisteminin akıl almaz yoğunlukta bir işi olur. Çünkü yediklerimiz dışarıdan gelenlerdir ve bunların iyi-kötü diye taranması gerekir.

Öncelikle dışarıdan gelen bir zararlıyı bağışıklık sisteminin nasıl tespit ettiğine bir göz atalım:

Bağırsak duvarına sipere yatmış bağışıklık sistemi savunma askerlerinin, ellerinde dürbünle düşmanı tespit etmek için baktığını hayal edelim. Bu askerler zararlıyı gördüğünde üstüne tıpkı bir kırmızı X işareti koyar gibi onu işaretlerler. Bu işarete biz *antikor* diyoruz. Bağışıklığın zararlı algıladığı her neyse ona da *antijen* diyoruz. Bağışıklığın antijen olarak algıladığı, bir bakteri olabilir. O bakteriyi antikorla işaretleyerek bizi bakteriden korur. Bu çaba iyi bir şeydir.

Ancak bazen askerler normalde zararsız olabilecek bir yiyecek parçasını da zararlı olarak algılayabilir, onu da işaretleyebilirler. İşte kafası karışmış, yorgun bir savunma sistemi böyle yanlış alarmlar verebilir. (Otoimmün hastalık diye bilinen tüm hastalıkların sebebi de bu yanlış alarmlardır.)

Hoşuna gitmeyen o yiyeceği antijen olarak algılayıp kırmızı X işareti olarak antikorla kapladığında, bu "suçlu-asker" ikilisinin adı *antijen-antikor kompleksi*dir. Kısaca bu duruma *immün kompleks* de denir. İşte bir dolu hastalıktaki gerçek mesele aslında bu immün kompleks belalısından kaynaklanır.

İmmün komplekslerin sürekli kanda dolaşması istenmez, bir yerde çökertilirler. Amaç onları bulundukları yerde yok etmektir. Çünkü içlerinde suçluyu barındırırlar. Savunma ordusunun suçluyu işaretleyen, yani antikor yapan askerleri olduğu gibi, bu yakalanmış ikiliyi yok etmek isteyen askerleri de vardır. Vücut, tüm immün kompleksleri yok etmek için programlanmıştır. Zaten işaretlemenin, yani antikor yapmanın amacı da budur; zamanı gelince yok etmek!

Bu yok etme faslı ortaya yüksek oranda yok edici saldırı silahı çıkarır. Ama bu savunma yönteminin bir de handikabı vardır: **Bu silahlar immün kompeksleri öldürürken civardaki sağlam hücrelere de zarar verirler.**

Çünkü saldırıda kullanılan yok edici silah protonlardır. Protonların, serbest radikal ve asit demek olduğunu ve bulundukları her yere hasar verdiklerini biliyoruz. Bu silahlar kullanılır, çünkü yok edilmek istenen asker-suçlu ikilisi olan immün komplekslere zarar versinler istenir. Ama maalesef civardaki sağlam dokular da bu saldırıdan nasibini alır. İmmün kompleksler bitene kadar da saldırı işlemi devam eder.

Savunma sistemini bu şekilde rahatsız eden yiyeceklerin neler olabileceğine ilerleyen bölümlerde detaylı bir şekilde değineceğiz. Ancak liste oldukça kalabalıktır. Alkali beslenmedeki sebze, meyve, tohum, baharat ve iyi yağlar dışında kalan, çoğunlukla işlenmiş veya hayvansal gıdalar olan bu yiyeceklerden uzak kalmak gerekir. Çünkü savunma sistemini rahatsız eden gıdalar yendikçe bağırsaklar asit-proton atılım organlarından, asit-proton yapım organlarına dönerler. Bağırsakta vücudu zararlı yiyecekten korumak adına ne kadar immün kompleks oluşursa o kadar da proton saldırısı olur. Proton saldırısı o civardaki tüm hücrelere de hasar verir. İşte böylece vücudumuzda iyi niyetli ama zarar veren, bitmeyen bir iç savaş durumu olur. Bu kronik iç savaşın adı da **enflamasyon**dur.

5. bölüm

Enflamasyon ve yaşlanma

Enflamasyon en hızlı yaşlanma sebebidir!
Enflamasyonun Türkçesi **yangılanmadır**. Bir şeyi düzeltme çabasıyla yok etmek anlamına gelir. Enflamasyonda ortaya çıkan yok ediciler TNF alfa, interlökin, lökotrien, makrofaj vs. gibi tıbbi isimlerle adlandırılırlar. Ama enflamasyon markırlarının adlarının bir önemi yoktur, sayıları çok fazladır. Önemli olan, enflamasyonun vücudun iyiliği adına gerçekleşen bir yok etme uğraşı olduğunu hatırlamaktır ve bu çabanın tamamen zararsız olmadığını da bilmektir.

Mesela, bir yerimiz mikrop kaptığında, orada apse olduğunda işte bu enflamasyondur. Vücut mikrobu yok etme çabası ile bir enflamasyon alanı yaratır, mikroba apse içinde saldırmaya başlar. Ateşimizin çıkması, bileğimizin burkulunca şişmesi, iltihaplanan yerin kızarması bunların hepsi vücuttaki enflamasyonun örnekleridir ve hepsi de iyileşme veya zararlıyı yok etme çabası adına yapılan işlemlerdir.

Vücut gerektiğinde bu enflamasyonu kullanır ve işi bittiğinde anti-enflamatuar sistemlerle bunu durdurur. O zaman iyileşme başlar. Ateşimiz düşer, bileğimizdeki şişlik geçer vs. vs. Fakat enflamasyon düşük düzeyde sürekli devam ettiğinde bunu fark edemeyiz ve bu durum kronik bir hastalık gibi sürekli vücudu tahrip eder.

Bunun adı **sessiz kronik enflamasyondur**. Tehlikeli olan da budur. Bütün hastalıklar kronik enflamasyonla seyreder. Hastalık varsa enflamasyon da vardır. Daha fenası, enflamasyon varsa ve de kronikleşirse mutlaka hastalık da olacaktır.

Kronik enflamasyonu hastalıkların temel sebebi olarak gösteren çok sayıda yayın ve kitap vardır. Kronik enflamasyon yeni çağın en yaygın sağlık sorunudur. Çünkü kilodan diyabete, metabolik sendromdan Alzheimer'a, hipotroididen eklem hastalıklarına kadar her şey kronik enflamasyonla seyreder. Damarlardaki plak ve yüzünüz-deki sivilce bile bir enflamasyon sonucu oluşur.

Enflamasyonun bu vahim yaygınlığına rağmen, aslında enfla-masyon bir neden değil, bir sonuçtur. Enflamasyona sebep olan durumlar uzun süre boyunca ortadan kaldırılmadığında enflamas-yon kronikleşir ve sorun başlar.

Neden enflamasyon kronikleşir?

Eğer savunma sistemi sürekli kendine tehdit oluşturan yabancı-ların vücuda girdiğini veya vücut içinde başka tehditkâr yabancıların oluştuğunu düşünüyorsa kesintisiz olarak immün kompleks üretir. Ardından da bu kompleksleri yok etmek için etrafa proton saldırısı başlatır. Bu saldırı o civardaki her şeye zarar verir. Tüm kronik has-talıkların temeli bu tür bir kronik enflamasyonda yatar. Otoimmün hastalıklarda daima kronik enflamasyon olur.

Bu yüzden *anti-aging* çalışmalarında enflamasyonun durdurul-ması ve gençleşme için anti-enflamatuar desteklerin araştırılması büyük yer tutar.

Sağlıklı haldeyken kronik olmayan normal enflamasyon 2 fazla gelişir.

1- Pro-enflamasyon, yani saldırı fazı

2- Anti-enflamasyon, yani tamir fazı

Sağlıkta yaklaşım birinci evreyi yani pro-enflamatuar kısmı azal-tıp; ikinci fazı, yani anti-enflamatuar iyileşme bölümünü artırmaktır.

Birinci evreyi kısaltmanın yolu, gereksiz saldırıya sebep olacak gıdalardan kaçınmak; ikinci evreyi sağlamanın yo-lu, anti-enflamatuar besinleri tüketmektir.

Enflamasyon temelde bizi zararlıdan korumak amacıyla meyda-na geldiğinden, kendimizi güçlü bir şekilde savunabilmemiz için saldırıda en öldürücü silahlar olan serbest radikaller, yani protonlar kullanılır. Ama zararlı zannedilen maddeyi öldürmek için oluşan yıkım seçici değildir. O bölgenin tamamına hasar verir. Zarar plan-lanandan daha büyük olur. Zararı sınırlayan anti-enflamatuar sistem devreye girmezse o bölgede hastalık oluşur.

En basit şekilde kanda hassas CRP testi enflamasyonu ölçer. Bu değer ne kadar sıfıra yakınsa o kadar az enflamasyon vardır. CRP testi bize, her şey yolunda görünürken, içeride arkamızdan ne işler döndüğünü gösterir.

Bağışıklık sisteminin zararlı saydığı immün kompleksleri yok etmek için etrafa saldığı protonlar bir kez ortaya çıkınca civardaki sağlam hücrelere de zarar verirler demiştik. Protonların temel zarar verme şeklinin hücre zarından elektron çalmak olduğunu da biliyoruz. Çünkü protonların tek derdi eksik elektronlarını bulmaktır. Hücrenin içinde de, dışında da proton fazlalığı olduğunda en kolay hedef hücre zarının doymamış yağlarındaki elektronlardır. Hücre zarlarındaki doymamış lipitler (yağlar) elektron kaybederek okside olur, sertleşir. Bu durum sonucunda ortaya, *araşidonik asit* isimli bir madde çıkar.

Araşidonik asit, hem hasta eden enflamatuar maddelerin hem de iyileştiren anti-enflamatuarların ön maddesidir. Yani araşidonik asit hem iyidir, hem kötüdür.

77

Araşidonik asitten ne türeyeceğine zardaki doymamış, omega-3 türevi yağların miktarına göre karar verilir. Hücre zarında doymamış yağlar fazlaysa ve besinlerle yeterince omega-3 türevi yağlar tüketilmişse, araşidonik asitten anti-enflamatuar maddeler üretilir. Böylece enflamasyon durdurulur. Dokuya daha fazla zarar verilmez.

Ama hücre zarında doymuş yağlar artmışsa, yani hücre zarı zaten önceden proton saldırısına uğramışsa ve vücutta da yeterince omega-3 türevi yağ yoksa, araşidonik asitten enflamasyonu şiddetlendirecek maddeler salınır. İL-1, İL-6 (interlökinler), TNF (tümör nekroz eden faktör) gibi kısaltmaları olan, her hastalıkta her taşın altından çıkan iltihap yapıcı maddeler oluşur.

Bu maddelerin varlığı enflamasyonu daha da şiddetlendirir. Yani ortama daha çok proton saldırısı olur. Protonlar, mevcut hücre zarı hasarını artırır. Hasarlı zardan araşidonik asit çıkışı artar. Bu da enflamasyonu daha da artırır. Böylece tavuk-yumurta döngüsüyle hastalık çığ gibi büyür.

Beslenmede yeterince omega-3 varsa durum iyileşme, yani

anti-enflamasyon yönüne döner. Beslenmede omega-6 yağlarının fazla olması ise (mısıryağı, ayçiçeğiyağı gibi) pro-enflamatuarları artırır. Ancak bu iki yağ türü arasında belli bir denge varsa enflamasyon durur. İdeali beslenmede alınan omega-6 yağlarının omega-3 yağlarına oranının 2/1 olmasıdır. Yani bahsedilen ayçiçeğiyağı, mısıryağı gibi sıvıyağları zarar görmeden kullanabilmenin tek yolu, bunların miktarlarının en az yarısı kadar omega-3 türevi yağ almaktır. Yemeklerde kullanılmasa bile omega-6 türevi yağlar hazır yiyeceklerin çoğunda bolca mevcuttur. Bu yüzden günlük olarak bu yağlardan ne kadar aldığımızı tespit etmek zordur. Doğru olan balık, ceviz, badem, dereotu, ketentohumu yağı gibi doğal omega-3 kaynaklarını tüketmek, hap olarak da omega-3 desteği almaktır.

Esasında omega-3 ve diğer iyi yağlardan mahrum kalmak, hekimlerin fazla dikkatini çekmeyen çok önemli bir sorundur. Hemen hepimiz yağsız yemenin çok iyi bir şey olduğunu sanarak büyüdük. Ancak, ister dışarıdan yemekle alınsın, ister vücut içinde bulunsun kötü yağların hastalık kaynağı, iyi yağların sağlık kaynağı olduğunu iyice kavramamız gerekir.

Meraklısına

Sadece dışarıdan alınan kötü yağlar yoktur, vücuttaki bazı bölgelerde bizim yanlış beslenmemiz sonucu oluşan kötü yağların mevcudiyeti de söz konusudur. Vücuttaki kötü yağlar tek başlarına hastalık kaynağıdır. Hastalık kaynağı bu yağlar bel ve karın etrafında toplanmıştır.

Belin etrafındaki yağlar da kronik enflamasyon kaynağıdır. Ve bu yağlar hastalıklara sebep olur.

Çünkü bel-karın bölgesinde depolanan yağ hücreleri enflamatuar maddeler salarlar. Buradaki yağ bir organ gibidir. Enflamatuar maddeler ve hormonlar üretir.

Yağın enflamatuar madde salmasının sebebi vücutta enflamasyon kaynağı olan araşidonik asidin yağ içinde biriktirilmesidir. Vücut araşidonik asidi bu bölgelere esasında kendinden uzaklaştırmak için koyar.

Bel bölgesindeki yağlanma ne kadar çoksa o kadar fazla araşidonik asit oluşumuna ve enflamasyona sebep olur. Enflamasyon sonucu TNF-alfa, İL-6 gibi enflamatuar maddeler yağ dokusunda oluşur, oradan vücuda yayılır. Bu maddeler gittikleri her yerde kendi enflamasyonlarını yaratırlar. Eğer vücutta zaten enflamasyonla giden bir kronik hastalık varsa bel yağlarından gelen bu maddeler o hastalıktan kaynaklanan şikâyetleri şiddetlendirirler.

Bel bölgesindeki yağın **Kalp** sorunlarından romatizmaya, meme kistlerinden fibromiyaljiye kadar her tür şikâyeti artırması testle kolayca ölçülecek bir durum değildir ama gerçektir. Beslenmede iyi yağların olması enflamasyonun azalması için önemlidir. İyi olmayan yağların ve diğer enflamasyon yapan besinlerin diyetten çıkarılması gerekir.

Ancak tek neden yağlar değildir.
O halde başka hangi yiyecekler enflamasyona nasıl sebep oluyor bir görelim.

79

Gıda duyarlılığı nedir?

Enflamasyonun şiddeti büyük oranda yiyecek seçimlerimize bağlıdır. Çünkü belli yiyecekleri yediğimizde enflamasyon önce bağırsaklarda başlar.

Bağırsaklar kronik enflamasyonun en önemli sebebi veya en etkili çözümü olabilirler.

Bunu belirleyen besin seçimlerimizdir. Sağlıklı bağırsaklar için çözüm alkali beslenmedir.

Alkali beslenmezsek, biz farkında olmasak da bağırsakta sürekli enflamasyon meydana geldiğini bilmeliyiz. Çünkü vücutta enflamasyonla giden pek çok hastalıkta bağırsakların rolü büyüktür.

Bildiğimiz üzere bir besin maddesi midede sindirilip bağırsaktan içeri emildiğinde hemen bir savunma sistemi taramasından geçer.

Çünkü bağırsak çeperi dışarıdan gelenin bir tür taramadan geçtiği savunma duvarıdır. Vücuttaki tüm savunma sistemimizin yüzde 80'i bağırsak çepinde bulunur. Amacı, dışarısıyla "sınır"ı oluşturan o savunma hattından içeri zararlı maddelerin girmemesidir.

Bağırsak çeperindeki savunma sistemi bir besin maddesini tehditkâr olarak algıladıysa, İg-G4 dediğimiz immünglobulinler ile o besin için antikor oluşturur. Yani o besini zararlı olarak X'le işaretler. Böylece yabancı antijeni daha sonra öldürülmek üzere belirlemiş olur. Daha sonra bu suçlu-asker immün kompleksi, şiddetli serbest radikallerle yok edilmeye başlanır.

Bu saldırıdan hemen sağlıklı hücreler de etkileneceğinden o bölgedeki bağırsak duvarı hücreleri de hasar görür. Normalde bağırsağın dışarısıyla sınırını oluşturan bu duvarda hiç çatlak olmaması gerekirken, bu saldırı bağırsak duvarındaki normal küçük delikleri büyütür. Yiyeceklerin içeri emildiği bu küçük delikçikler büyüdüğünde istenmeyen, henüz sindirilmemiş besin parçaları da içeri girer. Bağırsak duvarının geçirgenliği artar. Sindirilmemiş besin parçaları içeri kolayca sızar. Bu durum, savunma sisteminin, henüz sindirilmemiş parçaları besin olarak tanımayıp düşman gibi algılamasına ve savunmasını artırmasına sebep olur. Daha çok antijen-antikor, yani immün kompleksler yapılır. Bunları yok etmek için de daha fazla proton-serbest radikal saldırısı olur. Proton saldırısından dolayı bağırsak hücre zarları daha fazla elektron kaybeder, sertleşir, görevini tam yapamaz hale gelir. Sertleşmiş zarlardan çıkan araşidonik asit yüzünden enflamasyon şiddetlenir. Enflamasyon, bağırsak hücre zarlarını daha çok protonla doldurur. Kısırdöngü olayı büyütür, kronik enflamasyon haline getirir.

Burada oluşan imnün kompleksler çoğunlukla bağırsak çeperine çökseler bile, bazen de vücudun başka dokularına çökebilirler ve orada da hasarlanmaya sebep olabilirler. O zaman o organın hastalığından bahsedilir. Şiddeti artan hastalıkların enflamatuar yiyeceklerle alakasını tespit etmek zordur. Bu hastalık migren de olabilir egzama da, sivilce de olabilir hipotroidi de. Liste sizi dehşete düşürecek kadar uzundur.

Bazı yiyeceklere karşı verilen bu yanlış türde bağışıklık reaksiyonunun adı *gıda duyarlılığı*dır. İmmünglobulin G1, G2, G3, G4 aracılığıyla gelişen bir reaksiyondur. Yiyecek ile bu reaksiyon arasındaki bağlantı hemen kurulamaz. Çünkü reaksiyon, yiyeceği yedikten 4-5 gün sonra ortaya çıkar. Gıda duyarlılığı yıllar içinde artarak şiddetlenen bir reaksiyondur. Eskiden hiç sorun olmazken bir gün, örneğin biraz simit yemek veya süt içmek ağır şikâyetlere sebep olur.

Zaten **hazımsızlık, gaz, kabızlık, şişkinlik** şikâyetleri çoğunlukla **gıda duyarlılığı** ile ilgilidir. Rahatsızlık veren gıdalar bırakıldığında şikâyetler de ortadan kaybolur.

Gıda duyarlılığı yapan besinler:

Bu duyarlılığı yapan gıdalar arasında en sık gördüğümüz, un grubudur. Buğday başta olmak üzere arpa, çavdar ve yulaf unları içerdikleri gliadin proteini sebebiyle gluten duyarlılığı yaratarak bu şikâyetlere sebep olurlar.

Gluten ve gliadin proteinleri genel olarak insan savunma sisteminin zararlı algıladığı ve kendini korumak için antikor reaksiyonu gösterdiği proteinlerdir.

Glutensiz ürünlerden oluşan diyetler kilo sorunlarından Alzheimer'a, otizmden, epilepsiye, tiroit hastalıklarından romatizmaya kadar hemen her hastalıkta olumlu sonuçlar verir. Tersine bu gıdaları fazla tüketmek de bu hastalıkların şiddetlerinin artmasına sebep olur. Bu konuda yapılmış sayısız çalışma vardır. Bu araştırmalar giderek yaygınlaşmış, klasik medikal arenada da konunun önemini savunan taraftarlar edinmiştir.

Ungiller dışında *inek sütü içeren gıdalar* savunma sistemini rahatsız eden gıdalar grubunda ikinci sırada yer alır. İnek sütü, peyniri ve yoğurdu yerine lor peyniri ve kefir kullanıldığında bu reaksiyonlar çok azalır. Peynir ve yoğurt seçenekleri için koyun, keçi ve manda ürünlerini tüketmeye çaba göstermek gerekir.

Klinik söylemin aksine, süte karşı olan *gıda duyarlılığı, laktoz intoleransından farklıdır.* Laktoz intoleransı olan kişilerde bu durum genetiktir ve hayatlarında ilk defa süt tükettiklerinde (inek, keçi, koyun fark etmez) anında ortaya çıkar. Sonradan olmaz. Çünkü bu kişilerde sütün şekeri olan laktozu sindirecek enzimler "doğuştan" yoktur. Bu sebeple sütün ilk içildiği anda, daha bebekten ishal, kusma şikâyetleri olur. Zaten bu kişiler genelde bir daha da süt içmeyi denemezler.

Burada bahsedilen gıda duyarlılığı, immünglobulin G-4'ler üzerinden olan "geç tip duyarlılık" reaksiyonudur. İnek sütü proteinlerinin tıpkı glutende olduğu gibi zararlı antijenik yapılar olarak algılanması ve onlara karşı savunma sisteminin antikor üretmesi mantığıyla oluşur.

Bu iki grup, inek sütü ve ungiller en sık gıda duyarlılığına yol açan ürünlerdir. Herkeste olmaz. Testlere gerek duymadan toplumda yüzde 30-40 sıklıkta görüldüğünü bilmek yeterlidir. Ama normalde duyarlılığı olmayan bireylerde de ilerleyen yıllarla zayıflayan bağışıklık sistemleri sebebiyle duyarlılıkların oluşması beklenebilir.

Bu en bilinen gıda duyarlılıklarıyla baş etmek için en kolay çözüm:

* Un grubunu karabuğday unu ile değiştirmek
* İnek sütü yerine kefir içmek
* Peynir olarak lor peyniri tercih etmek
* Süt-yoğurt-peynir için keçi, koyun ve mandadan üretilen ürünleri seçmektir.

Benim şahsi fikrimi soracak olursanız süt grubunda en çok işe yarayan ürünün *kefir* olduğunu söyleyebilirim. Bence diğer süt ürünleri hem kalsiyum, hem protein, hem de besleyicilik bakımından kefirin yanında çok daha az faydalı kalıyor.

Gıda duyarlılığı dışında da bağırsak ile ilgili hemen tüm hastalıklarda enflamasyon oluşur. Çoğunlukla gaz, şişkinlik, kabızlık şikâyetleriyle kendini belli eder. Genel tabirle buna İBS, "irritabl bağırsak sendromu", yani *spastik kolon* hastalığı denir.

Spastik kolon, obeziteden bile daha yaygın bir sorundur. Kilo meselesinden daha fazla ciddiyetle ele alınmalıdır. Spastik kolon sebebiyle kabızlık sorunu yaşayan insan sayısı çok fazladır. Pek çok kişi günlük olarak dışkılamak gerektiğini önemsemez. Oysa atılması gerekenlerin içeride kalmasına izin verilmemelidir. Genelde spastik kolon rahatsızlığı olanların yaptığı gibi bu atılım ilaçlarla değil, doğal olarak kendiliğinden yapılmalıdır. Sadece spastik kolon rahatsızlığı üzerinde uzmanlaşmış hekimler olmalı, beslenmeden psikolojik tedavilere kadar bu şikâyeti olan kişiler desteklenmelidir. Psikoloji ile bağırsakların çok ilgisi vardır. Mutluluğun kaynağı bağırsaklardır. Çünkü mutluluk hormonu serotoninin çoğu orada üretilir.

Kendinizi mutlu sansanız bile bağırsaklarınız "mutsuz"sa gerçek anlamda mutlu sayılmazsınız.

Önceki sayfalarda bağırsak sağlığının bağışıklık gücümüzle yakından ilgili olduğunu gördük. Artık biliyoruz ki gıda duyarlılığı yapan ne kadar besin tüketilmiş ve karşılığında ne kadar immün kompleks oluşmuşsa, o oranda serbest radikal, yani proton saldırısı olacak ve vücutta o kadar enflamasyon oluşacaktır. Böylece, içeri giren her istenmeyen yiyeceğe karşı antikor oluşturmak için, yüzde 80'i bağırsakta yerleşmiş olan savunma sistemi askerlerinden tabur tabur asker yıllarca boşa kullanılacaktır. Oysa her türlü bakteriden, virüsten korunmak için bu askerlere hayat boyu ihtiyacımız var.

Gıda duyarlılığındaki bir başka sorun, bu duyarlılığın hayat boyu sürmesidir. Yani sadece bir kez bir yiyecek antijenine antikor reaksiyonu vermiş olan bağışıklık askeri, artık hayat boyu sadece o işi yapabilir. Başka savunma görevi yapamaz. Savunma askerleri tarafından oluşturulan bu antikorlar daima bağışıklık hafızasında kalır. Duyarlı antijeni içeren besinler her yendiğinde tekrar bu askerlerden antikor üretilir. Buna "immün hafıza" denir. Bağışıklık sisteminin çok güçlü bir hafızası vardır. Duyarlı olduğunu asla unutmaz. Zaten bizi istenmeyen bakteri ve virüslerden koruması için bu gereklidir. Ancak bazı yiyecekleri de böyle hafızaya alır. **Tıpkı aşılamada olduğu gibi bir süreç gelişir.** Aşılamayla aşı içinde verilen zayıflatılmış virüslere antikor cevabı oluşturulur. Antikor cevabı oluşunca aşı "tutmuş" demektir. Örneğin hepatit-B'de olduğu gibi. Hepatit-B aşısı ile zayıflatılmış virüs vücuda verilir. Bir süre sonra aşının tutup tutmadığı da hepatit antikoruna bakılarak ölçülür. İşte oluşan bu hepatit antikoru immün hafızada hayat boyu kalır.

Aynı şekilde antijenik algılanan gıdaya karşı oluşan antikorların bilgisi de hafızada hep kalır. Vücut kendini bunlara karşı "aşılar".

Gıdalara karşı aşılanmak sonradan şöyle bir sorun oluşturabilir: Gıdaya karşı oluşan antikorlar vücudun kendi dokularını da yanlışlıkla o gıdaya benzetebilir, bu benzetme sebebiyle de oraya saldırabilirler. Mesela boğaz enfeksiyonu geçirenlerde bir zaman sonra kalp romatizması adıyla bilinen rahatsızlık bu şekilde olur. Boğazdaki enfeksiyon ajanı bakteriler için oluşturulan antikorlar, o bakterinin yapısıyla kalp kapakçıklarının yapısını birbirine benzetirlerse, bakteriden kurtulduktan sonra kalp kapaklarına saldırabilirler. Bu haftalar veya yıllar sonra bile olabilir. Çünkü o antikora ait bilgi her zaman hafızada duracaktır.

İşte vücutta gereksiz yere antikor reaksiyonu olması, bağışıklığın yorgunluktan ve kafa karışıklığından yanlışlıkla kendine saldırmasına sebep olur. Bu durumun sonucu, kaçınılmaz sandığımız tüm otoimmün hastalıklardır.

Otoimmün hastalık bağışıklığın kendi kendine yaptığı bir proton saldırısından başka bir şey değildir.

Otoimmün hastalıklara yakalamaktan kaçamaz mıyız?

Tahmin edeceğiniz gibi immün sistem dışarıdan gelen maddelerle bu kadar meşgul olunca yorulacaktır. Bu yüzden bazen içeride olan görevlerini de eksik yapması söz konusu olabilir. Yorgunluktan kafası karışmış savunma sistemi, asıl işi olan "benden olan" ve "benden olmayan" ayrımında hata yapabilir. Kendi kendine saldırabilir.

Bu saldırıdaki silah yine protonlar, yani asitler, yani serbest radikallerdir. Bunların olduğu yerde de enflamasyon olur.

Çoğu kronik hastalığın sebebi otoimmün saldırı ve bunun sonucunda olan enflamasyondur.

Otoimmün hastalıklarda, kendi dokularımız zararlı yabancı olarak algılanır. Kendi dokularımızı dışarıdan gelen antijen gibi algılar, antikor üretiriz. Böylece o bölgede yok edilmesi planlanan immün kompleksler oluştururuz.

(Mesela tiroit bezine saldıran immün sistem, anti-tiroit antikorları oluşturur. Bu antikorlar bir kez oluşunca bunları yok etme çabası tiroit dokusunu bozar ve tiroit hastalıkları oluşur. Hipotroidide olduğu gibi.)

Kendi dokularımıza karşı oluşan bu immün komplekslere saldırı, yine protonlarla yapılır. O bölgede proton artması söz konusu bölgeyi asitlendirir. Bu olayların olduğu her yerde artık enflamasyon olduğunu biliyoruz. O halde enflamasyon dediğimiz olay aslında, lokal olarak o bölgede proton yükünü ve asitlenmeyi anlatır.

Yani enflamasyon asitlenmedir.

Proton yükü ve asidite arttıkça bölgedeki hücrelerin canlılığının azalacağını biliyoruz. Çünkü canlılık hücredeki elektronlardadır. Protonlar elektronları yok ettiği için o bölgedeki hücrelerin canlılığı azalır. Tabii ki ilkönce de hücrelerin zarları elektron kaybederek canlılıklarını yitirir.

Hücre zarlarının;
* protonlar
* asitler
* serbest radikaller ve
* enflamasyon

sebebiyle elektron kaybetmesi her hastalıkta ilk aşamadır.

Bu bilgi kitabımızın özeti gibidir. Her anlatılan durum döner dolaşır, buraya bağlanır. Bu yüzden her zaman ve mutlaka yangında ilk kurtarılacak yer hücre zarlarıdır.

* Çünkü ilk zarar daima zarlara gelir.
* Çünkü protonların, serbest radikallerin, asitlerin en kolay elektron çalabildiği yer hücre zarlarıdır.
* Çünkü hücre zarı sağlamsa hücre diğer hasarların üstesinden gelebilir.
* Çünkü hücre zarı vücuttaki en önemli kısımdır.
* Ve son olarak hepimiz biliyoruz ki bedenimiz trilyonlarca hücreden oluşur.

Enflamasyonla beraber giden otoimmün hastalıkların en sık görüleni tiroit hastalıklarıdır. Tiroit ilacı kullanan ne çok kişi olduğunu siz de fark etmişsinizdir. Tiroit antikorlarının yüksekliği ve buna bağlı olarak tiroidin az çalışması çok yaygın bir durumdur. Az çalışan tiroit, yavaşlayan bağırsak, kabızlık, kuru cilt, pul pul dökülme, yorgunluk, saç dökülmesi ve kolay üşüme gibi şikâyetleri beraberinde getirir. En kolay biçimde bağırsak hareketlerinin azalması, kuru cilt ve bel bölgesinde kolay kilo almak şeklinde kendini ele verir.

Meraklısına

Laboratuvar testlerinde tiroit hormonu olan TSH ile gösterilen değerin karşısında 4'e kadar normal yazar. Dolayısıyla rutin çekaplarınızdan, "Tiroidinizde bir şey yok" bilgisi ile ayrılabilirsiniz. Ancak TSH değerinin 3'ün üzerinde olması tiroit bezinin yavaşlığı anlamına gelir ve ileri inceleme gerektirir. Genel olarak gıda duyarlılığı sebebiyle olan sorunların içerisinde gaz, şişkinlik ve kabızlık şikâyetlerinin yanı sıra tiroit problemleri de vardır. Gıda duyarlılığının yarattığı immün sistem yorgunluğunun sonucunda, olabilecek ilk hatalı otoimmün saldırı genelde tiroide karşı olur. Duyarlılığı yapan gıda gruplarının beslenmeden çıkarılması tiroit antikorları değerini düşürebilir. Özellikle gluten grubuna karşı duyarlılık tiroit hastalıklarını şiddetlendirir.

Tiroit bezi metabolizma hızını belirlediğinden tiroit fonksiyonlarını düzeltmeden doğru kiloya ulaşmak çok zordur. Tiroit bezi sorunları nedeniyle metabolizma çok yavaşlayabilir. Yüksek TSH ve kabızlık söz konusu olduğunda beslenmede lifli gıdalar ve prebiyotik kullanımına dikkat etmek gerekir. Dışkılamanın günde birden az olmasına izin verilmemelidir.

Lifli beslenme ve prebiyotikler bağırsak sağlığını korumada ve otoimmün hastalıkların tedavisinde gereklidir.

* Lifli gıdalar tuttukları suyla bağırsak geçişini hızlandırırlar. Kabızlığa engel olurlar.
* Prebiyoktikler ise, bağırsaklarda olması gereken yararlı bakterilerdir. Bağırsak florası dediğimiz ortamda çok fazla sayıda yararlı bakteri olmalıdır. Bu bakteriler dışarısı ile sınır oluşturan bağırsak duvarı sağlığı için şarttır. Sindirim ve emilim için

gereklidirler. Yeterli sayıda olmadıklarında iyi besinlerden bile gereken besleyici maddeleri alamayız.

Prebiyotik yerine fırsatçı bakteriler çoğaldığında, bunlar besinlerden zararlı kimyasal artıklar oluşturur. Bu kimyasal toksinler vücut tarafından geri emilir. Bu yüzden vücuda daha az toksin girmesi için zararlı bakterilerin yararlı bakterilerle yer değiştirmesi gerekir. Prebiyotik bakteriler bağırsak çalışmasını da hızlandırır. Atılmak istenen toksinlerin geri emilimine fırsat bırakmadan bağırsaktan atılmasını sağlar.

Bağırsaklarımızda normalde her zaman biraz da zararlı patolojik bakterilerden vardır. Ama ne yazık ki modern yeme şeklimiz, kötülerin sayısının iyilerden çok olmasına sebep oldu. Bakteriler de canlılar olarak kendi türlerine uygun ortamda üreyebilirler. Modern hayattaki özensiz beslenme şekli fırsatçıların üremek için kendine uygun ortam bulmasını sağlarken prebiyotiklere yaşam şansı vermiyor. Buna tıpta **disbiyozis** diyoruz.

Bağırsak florasının önemi üzerine pek çok yayın vardır. **87** Hamileyken bağırsaklarında iyi bakteriler olmasına özen gösteren annelerin çocuklarının okul çağlarında daha az hastalandıkları; sakatlanan sporcuların prebiyotik destekleri ile daha hızlı iyileştikleri bu çalışmalarla ispatlanmıştır.

Henüz gastroenterologlar, yani mide-bağırsak doktorları rutin olarak bu sistemi destekleyecek şekilde bir beslenme tarzı veya takviye önermiyorlar. Oysa yabancı maddelerle temas yüzeyi olan bağırsak çeperindeki savunma sistemine en büyük destekçilerimiz bu bakterilerdir.

Fırsatçı bakteriler çoğaldığında, oluşturdukları gaz ve toksik atıklar bağırsak çeperini daha çok harap eder. Bu bakteri atıkları ve toksinler orada daha çok asitlenmeye sebep olur. Asitlenme, bağırsak çeperinde oluşan küçük deliklerin daha da büyümesine, içeri yasak geçişin artmasına sebep olur. Bu kısırdöngü bizi hastalıkların kucağına atana kadar böyle sürer.

En azından antibiyotik kullanıldığı dönemde prebiyotiklerin destek olarak alınması ve genel beslenme kuralı olarak da en iyi prebiyotik kaynağı olan *kefir*in günlük olarak tüketilmesi gerekir.

Özetle bağırsaklarımıza gözümüz gibi bakmamız lazım.

İnanın mutluluğumuz da bağırsaklarımıza bağlıdır.

Bana sorarsanız depresyonun yeni adı "mutsuz bağırsak sendromu" olmalı.

Neden mi?

Ruh sağlığı ve bağırsaklar:

Hepimiz hayatımızın bir bölümünde depresif zamanlar yaşamış, kendimizi kronik bir mutsuzluğun pençesinde hissetmişizdir. Ama dünya sağlık örgütü diyor ki toplam nüfusun yüzde 10'u tedavi gerektirecek kadar depresiftir. Bu oldukça büyük bir oran!

Depresyonun pek çok belirtisi

asitlenmiş vücudun belirtilerine benzer;

kronik yorgunluk, uykulu hal veya uykusuzluk, sırt ağrıları, kabızlık gibi. Asitlenmenin başlangıç noktası ise yanlış besinlerin bağırsaklarda oluşturduğu asitlenmedir.

Bildiğiniz gibi bağırsaklarımız vücudumuzdaki en geniş organıdır. 400 metrekareye varan bağırsak yüzeyi sayısız sinir hücresine sahiptir. Beyindekiyle kıyaslanacak kadar sinir ağı bağırsakta da vardır. Bağırsaklarda olan her şey bu sinir hücrelerince tespit edilir. Hatta bu tespit, merkezi sinir sistemi ve beyinden de bağımsız çalışabilir. Bu yüzden bağırsaklar kendi başlarına karar verebilirler.

Bağırsaklar pek çok hormonu da kendi içlerinde üretebilirler. Serotonin bunlardan biridir. Mutluluk hormonu olarak hepimizin bildiği serotoninin beyindeki kısmına uzun yıllardır daha çok dikkat çekildi ve beynin serotonin üretiminde bulunan tek yer olduğu düşünüldü. Oysa serotoninin vücutta dolaşan kısmının yüzde 80'i bağırsaklardaki sinir hücrelerinde üretilir. Bağırsakta üretilen serotonin vücudun serotoninidir. Beyinde üretilen ise beynin serotoninidir. Depresyon ilaçları da bilinenin aksine beyindeki serotonini artırmaz, serotoninin kullanımını artırır. Beyinde zaten mevcut olan serotoninin tekrar tekrar kullanılmasını sağlarlar.

Ama bağırsaklardaki serotonin üretimi bağırsak sağlığı ve alkali beslenmeye dikkat edilerek artırılabilir.

Sağlıklı, bozulmamış bağırsak duvarı hücreleri serotonin üretir.

Bağırsakta üretilen serotonin vücut içinde dolaşır. **Bağırsak sağlığı ile fibromiyalji, yani sırt ağrıları birbiri ile bu şekilde ilişkilidir.** Bağırsakta az serotonin üretilince fibromiyalji artar. **Fibromiyalji bir tür vücut depresyonudur.** Vücutta dolaşan serotonin eksikliğinden olur. Fibromiyalji varken yataktan yorgun kalkarız, bir türlü gevşeyip dinlemeyiz. Gerginlik, baş ağrılarımız da olabilir.

Oysa kendimizi gövdemizin içinde daha iyi hissetmek için serotonine, hayata bağlılık ve coşku için dopamine ihtiyacımız var. Bu iki hormon da bağırsak sağlığı ile yakından alakalıdır. Zaten psikolojik gerginlik anlarında stresin bağırsaklara vurması sonucu oluşan gaz, kabızlık gibi şikâyetler, beyin-bağırsak ilişkisinin ne kadar yakın olduğunu bize gösterir. Bağırsak sağlığı yerinde değilse farkında olalım veya olmayalım psikolojik sağlık da yerinde olmaz. O yüzden bir kişinin bağırsak sağlığı onun psikolojisi hakkında fikir verir. İBS, yani spastik kolon bunun sonucudur. Bu hastalıkta duygusal strese bağlı olarak bağırsak çalışması bozulur.

Bağırsaklarımızın, tüm sağlığımız için bu kadar önemli olmasını asla göz ardı etmemeliyiz. Şimdi gelelim işin sevindirici kısmına: Bağırsak sağlığını çok kolay kontrol edebiliriz! Çünkü içeriye ne aldığımızı seçebiliriz. Bu seçimlerin önemi asla hafife alınmamalıdır. Gıda duyarlılığı, enflamasyon, asitlendiren gıdalarla beslenme, prebiyotik eksikliği, lif eksikliği, yetersiz su içme, yetersiz çiğneme, fazla hayvansal gıda tüketme, az sebze tüketme, iyi yağları az alma gibi bağırsak sağlığını olumsuz etkileyen durumların hepsi bizim kontrolümüzle değiştirilebilir.

Cesaretimizi toplayıp şöyle bir istatistiklere baktığımızda, hastalıktan ölüm sebeplerinin içinde ilk sıradaki kalp-damar hastalıklarından sonra ikinci sırada kanserin geldiğini görürüz. Kanserlerde ise, her iki cins için de akciğer kanseri birinci sırayı alırken (sigara sebebiyle), meme ve prostat kanseri cinse bağlı olarak ikinci sıradadır (hormonlar sebebiyle). Ama her iki cinste de üçüncü sırayı "kolon kanseri" alır. Sayılan bu 4 sebep, hastalıktan ölümlerin yüzde 60-70 gibi bir oranına karşılık gelir. Yani bağırsak sağlığına dikkat ederek bu büyük oranı oluşturan ilk dört hastalığın birinden kurtulabiliriz. Bu tamamen bizim elimizde! İstatistiksel olarak yaşlandıkça çoğunluk için risk oluşturan bu hastalıklara yakalanmak zorunda da değiliz.

Peki ama kanser olup olmamak gerçekten bizim elimizde mi? Kanserde genetiğin rolü yok mu?

Bir hastalığa sadece genetik sıfatını yakıştırmak gerçeğin tamamını yansıtmaz. Elbette genlerde yazılı bir program vardır. Bu, kişiden kişiye küçük farklılıklar gösterir. Ancak gendeki bu kodlar normalde sessizdir, yani *turn off = kapalı* moddadır. Genetik yatkınlığımız olan durumun ortaya çıkması genlerdeki o şifreli kodların *turn-on* olup açılmasıyla gerçekleşir. Genlerdeki insanlar arası küçük farklara *SNP-tek gen mutasyonu* denir. Kişiler arasında az çok SNP farkları vardır. Ama bu SNP'lerin kodladığı genler sessiz kaldığı sürece bir sorun yaratmazlar.

Bu sessizliği sağlamak için DNA'ya hiç hasar ulaşmamalıdır. Her türlü asitlenme, protonlar, serbest radikal artışı hedef olarak hücre membranı yerine hücre DNA'sını seçerse orada harabiyet yapabilir. Bu durum da hayat boyu sessiz kalabilecek bu genlerin açılmasına sebep olabilir.

Yani aslında kötü genlerden çok genlerin kötüleşmesine sebep olan ve uyuyan kötü genleri uyandıran durumlar söz konusudur.

Bu sessiz genlerin açılmasına *ekspresyon* denir. Yani kendini ortaya koyma, kendini gösterme. Bu genler kendini ortaya koyabilir veya sessiz kalabilirler. Bu süreç yine bizim tarafımızdan alkali beslenme seçimleriyle yönlendirilebilir.

Gördüğünüz gibi tüm vücutta kalpten beyine, bağırsaktan eklemlere, DNA'dan hücre membranına kadar her şeyi olumlu yönde yönlendirme gücünü elimizde tutuyoruz. İşte hep hatırlamamız gereken bir gerçek: **Genleri de susturabiliriz!**

Genler hücrenin çekirdeğinde durur. Enerjinin üretildiği mitokondrilerden veya artıkların temizlendiği sitoplazmadan ayrı bir yerdedirler. Sitoplazmada olan proton artıklar yeterince temizlenemediğinde (glutatyon ve pek çok enzim bunun için savaşır), elektron çalmak için önce hücre membranı tercih edilir. Çünkü membrandan kolay elektron alınır. Ama hücre içinde membrandan elektron çalma hızından daha fazla proton birikiyorsa bunlar DNA'ya da saldırabilirler. Proton fazlaysa saldırı sırası bir gün DNA'ya da gelebilir.

8-oh-guanozin testi bizde yapılmıyor ama bu test, her gün mitokondriyal DNA'ya ne kadar proton saldırısı olduğunu ölçer. Benzer bir şekilde 8-epi-F2alfa testi de zarlara olan proton saldırısını ölçer.

Asitlendiren besinlerin enerji kaynağı olarak kullanılması hücre içindeki proton yükünü artırır. (+) yüklü protonların artması hücre içi pH'ını azaltır. Proton artıkça pH düşer. Bu şekilde de hücre içi asitlenir.

Aynı anda protonlar elektron çalarak hücre zarını da sertleştirirler. Sertleşen hücre zarından içeri oksijen girişi azalır.

Ama canlılık için oksijen şarttır.

Normalde oksijenin hücreye girişi ve karbondioksitin çıkışı, hücre zarından pasif difüzyon dediğimiz çok kolay bir sızma şeklide olur. Hücre zarı sertleşmesi oksijenin içeri sızmasını azaltırken zehirli karbondioksit de içeride hapsolur.

Hücre içinde oksijen azalınca hücrede enerji oluşumu da sekteye uğrar. Oksijen olmadan glikozdan yüksek enerji elde edilemez. Yağlar gibi diğer enerji veren kaynaklar da kullanılamaz. Sadece oksijensiz olarak şekerden az miktarda enerji üretilir. Bu şekilde üretilen enerji yüksek model canlı olmamızı sağlayan hücre fonksiyonlarına yetmez. Hücre, yüksek model canlıdan ilkel model canlıya döner. Bu az enerjiyle de içindeki mevcut hasarını tamir edemez.

Bu durumda hücre ya kendi kendini yok eder ya da oksijensizliğe uzun süreli adaptasyon geliştirir. Hücre kendini yok ederse sorun olmaz. Yerine yenisi yapılır.

Oksijensiz enerji üretmeye devam ederse, hücre içi daha çok asitlenir ve protonla dolar. Çünkü oksijensiz enerji üretiminin son ürünü laktik asittir.

Bu kadar asitlenme ve proton mevcudiyeti sadece zarları değil, hücre DNA'sını da hasara uğratır. DNA başkalaşabilir. DNA'daki sessiz genler uyanabilir. Hücre kontrolsüz çoğalmaya gidebilir.

Görüyoruz ki kanser, hücrede artan asitlenmeden kaynaklanan proton saldırısının DNA'ya denk gelmesidir. Hasarlı DNA'nın, bulunduğu hücreye ait özellikleri unutarak kendini ve sonra tüm hücreyi başkalaştırmasıdır.

En basit haliyle söylemeye çalışırsak asit-proton saldırısı hücre zarına olunca hastalıklar, DNA'ya olunca kanser gelişimi başlar. Saldırının nereye geldiğine göre durum değişir. Zaten önce hastalıkların ortaya çıkmasının sebebi budur. Önce kolay etkilenen ve elektron veren hücre zarları hasarlanır, hücrenin fonksiyonları azalır ve çeşitli hastalıklar oluşur. Yıllar sonra artan proton yükü sebebiyle saldırı sırasının DNA'ya da gelmesi söz konusu olduğunda kanser oluşur.

Bu yüzden kanser hemen olmaz. Sigaranın kanser yapması için aradan 30 yıl geçmesi gerekir.

Bu durumda, genler = kader algımızı değiştirmemizin zamanı geldi demektir.

Kaderi ve kötü şansı suçlamadan önce kendi nefsimizi ve seçimlerimizi suçlamamız gerektiğini bilmeliyiz.

Seçimimizi alkali beslenmeden yana kullanırsak, atalarımızdan gelen hatalı ama sessiz genlerin söz sahibi olmamasını ve hep sessiz kalmasını sağlayabiliriz. Alkali beslenerek sağlam genlerimizin de hasara uğramasını engelleyebiliriz.

92 Alkali beslenme elektron içeren beslenme şeklidir. Alkali besinler başlığı altındaki her şey elektron verici antioksidanlar içerir. Bitkiler en yüksek elektron kaynaklarıdır. Zaten bitkilerin yaptığı fotosentez tam da insanların yaptığı solunumun tersidir. Bu yüzden ilacımız daima sebzeler, meyveler, baharatlar, tohumlar gibi bitkisel kaynaklı besinlerdir.

Proton yükü hastalık sebebiyse, protonu yok eden elektron vücuda alkali besinlerle alınır. Vücutta elektron sayısı her zaman için protondan fazla tutulmaya çalışılmalıdır. Bunu sağlamak için gün içinde alkali besinler, asitlendiren besinlerden daha fazla tüketilmelidir. Alkali diyet, bunları birbirine oranlayarak tüketmeyi savunur. Doğrusu da budur.

Asitlendiren besinler
Hayvansal proteinler

Ağzımıza attığımız bazı besinlerin bedelleri ağırdır. Çok miktarda ve işlenmiş hayvansal protein tüketmek bedeli ağır beslenme şekillerinden biridir.

Hayvansal besinler nasıl asitlendirir?

* Sindirim sistemimiz ağızdan başlar:

Ağız içi *amilaz* ve *pityalin* enzimleri içerir. Bu enzimler ağızda karbonhidratların, yani nişastaların, unların, baklagillerin parçalanmasını başlatır. Bu enzimler alkali ortamda çalışır. Ağız içi hafif alkali yapıdadır. Ağızdaki sindirim sadece karbonhidratlar açısından değil, tüm besinler için önemlidir.

Yeterince çiğnememek sindirimi azalttığı gibi hızlı yemeye sebep olacağından doyma duygusunu da geciktir.

Özellikle hayvansal proteinlerin iyi çiğnenmesi gerekir.

Tam olarak lokmalarımızı değilse bile, lokmalarımızı ne kadar çiğnediğimizi saymamız gerekir.

* Sindirim midede devam eder:

Yutulan lokmalar mideye geldiğinde mide asidi ile sindirilmeye başlanır. Bitkisel veya hayvansal her tür proteinin sindirim yeri midedir. Ama hayvansal proteinlerin sindirimi için daha çok mide asidi gerekir. Tıpkı korku filmlerinde asitte eritilen insan eti parçaları gibi hayvan etinin de midede asitle sindirilme işlemi vahşice bir işlemdir. Hayvan etleri midede, o filmlerdeki asit kazanı gibi evirip çevrilerek sindirilmeye çalışılır. Protein seçimlerini hayvansal gıdalardan yaptığımızda ve özellikle işlenmiş et grubu, kızarmış etler, barbeküde pişmiş etler vs. yemeyi tercih ettiğimizde bu etler daha zor sindirilir, daha çok eritici aside ihtiyaç duyulur.

Az çiğnemek de bu proteinlerin sindirim sürecini uzatır. Bu yüzden hayvansal proteinler 20 kere çiğnenmelidir.

* Proteinleri sindirmek için çok fazla mide asidi gerekir:

Proteinleri sindirmek için bunca mide asidi gerekirken, size tuhaf gelecek ama esasında pek çok insanda da gerektiği zaman yeterli HCL (hidroklorik asit, yani mide asidi) salgısı olmaz. O yüzden özellikle işlenmiş hayvan proteinlerinin yarattığı asit talebini karşılayacak kadar mide asidi üretilemeyebilir. (Bu yüzden ağır hayvan proteini yenen öğünlerde hazır HCL, yani mide asidi preparatları kullanmak yurtdışında yaygındır. Bu preparatlar betain-HCL olarak geçer.) Daha fazla asit gerekmesi yüzünden bitkisel proteinler yerine hayvansal proteinler yendiğinde sindirim uzun sürer. Ve sonuçta midede büyük bir asit-protein bulamacı olur.

Mideden çıkan bu asitli bulamaca *kimus* denir. Kimus incebağırsağa gelir. Sorun işte bu noktada şiddetlenir. Çünkü midenin hemen altında mideyi bu yüksek asitten koruyan bir bariyer varken bağırsaklarda bu koruyucu yoktur. Bu durumda gelen asitli içeriği zararsız hale getirmek pankreasa düşer.

* Pankreas protein sindiriminde çok yorulur:

Pankreas sıvısı vücudun en alkali sıvısıdır ve bu sıvının oluşması için vücudun alkali rezervleri kullanılır. Pankreas sıvısı vücudun en önemli asit tamponu olan bikarbonatı içerir. Mideden gelen her sindirilmiş yiyeceğin üzerine mide asidini azaltmak için bu sıvı dökülür. Ancak gelen sıvı hayvansal protein sindiriminde olduğu gibi çok HCL içeriyorsa, yani fazla asitli ise pankreastan da o miktarda alkali bikarbonat harcanacaktır.

Hayvansal proteinlerin tersine bitkisel proteinler daha az HCL ile sindirilebilir. Yapraklı bitkiler ise bağırsakta hiç bikarbonata ihtiyaç duymazlar. Çünkü bitkilerin, yani sebzelerin özellikle çiğ yendiklerinde içlerinde zaten alkali mineralleri ve alkali sıvıları vardır. Pankreastaki alkali bikarbonatı harcamazlar. Bikarbonatın korunması hayati önemdedir. Çünkü bikarbonat en önemli asit tamponu, kandaki protonları tamponlayan en önemli elektron vericidir.

Buraya kadar anlatılanlardan anlıyoruz ki **ne kadar hayvansal protein yersek o oranda bikarbonat kaybederiz!** Bu kayıp yüzünden elektron bulmak için proton saldırısı içeride bir yerlerde artar. Çünkü protonlar eninde sonunda kendilerine elektron bulur.

Ağır protein tüketmek

kanda bikarbonat azalmasına ve azalan bikarbonatın deposu olan kemiklerden kalsiyum karbonat çalınmasına sebep olur. Çünkü ne zaman kanda bikarbonat bitse kemikten kalsiyumla beraber çekilerek eksik tamamlanır.

Şimdi hayvansal proteinleri fazla tüketmekle osteoporoz arasındaki bağlantıyı siz de kurabiliyorsunuz, değil mi?

Sayısız çalışmayla hayvan proteinleri ile başta kolon olmak üzere pek çok kanser türünün ne kadar alakalı olduğu zaten ortaya konmuştur. Kalp-damar hastalıkları da cabası!

* Hayvansal proteinler asitlenme oluşturur:

Fazla hayvansal protein tüketmenin yarattığı hastalıkların nedeni, hem alkali tamponları daha sindirimdeyken tüketmeleri hem de içlerinde *asitlendiren aminoasit türleri* taşımalarıdır. Mesela enflamasyonu anlatırken bahsettiğimiz *araşidonik asit* bunlardandır. Hayvansal proteinler enflamasyonun kaynağı olan araşidonik asidi ve dolayısıyla enflamasyonu artırırlar. Özellikle kırmızı et, yüksek araşidonik asit kaynağıdır. Fazla et tüketmenin enflamasyonla beraber gelişen tüm otoimmün hastalıkların şiddetine olumlu etki etmeyeceğini de rahatlıkla söyleyebiliriz.

* Hayvansal proteinler kemik sağlığına zararlıdır:

Kemik sağlığımızı koruduğumuzu düşünerek tükettiğimiz *süt grubu*na gelince; süt grubunun sadece bir kısmı işe yarayacaktır. Bunlar da hayvansal protein olduğu için yarattıkları asitlenmeyi azaltmak gerekecektir. Hem pankreastan hem kemiklerden yine alkali kalsiyum karbonat çalınmasına ihtiyaç olacaktır.

Süt grubu ürünlerinin hem hayvansal gıda olması hem de gıda duyarlılığına sebep olabilmesi yüzünden vücutta enflamasyon yaratabilecekleri akılda tutulmalıdır. Zaten artık kalsiyum denince aklımıza ilkönce süt grubunu getirmekten de vazgeçmeliyiz. Sebzelerin, tohumların çok daha iyi kalsiyum kaynakları olduğunu unutmamalıyız.

Kemik sağlığı deyince kalsiyumdan çok alkali besinlere ihtiyaç duyduğumuzu hatırlamalıyız. Ne kadar alkali beslenirsek kemikleri-miz o kadar sağlam kalır. Öyle olmasaydı en çok süt içen gelişmiş toplumlarda osteoporoz en yüksek oranda görülmezdi. Ancak burada sadece süt grubunu değil, et grubunu da suçlamalıyız. Çünkü et tüketmek süt grubundan daha fazla asitlenmeye sebep olur ve kemikten kalsiyum kaybını daha çok artırır. Süt grubunda keçi ve koyun sütlerinde yarar vardır, bunlar daha rahat tüketilebi-lirler. Yine de süt bıyığı yerine kefir bıyığını ve hatta taze sebze suyunun yeşil bıyığını tercih etmeliyiz!

* Etler asitlendiriyorsa proteini nereden alacağız?

Ne zaman protein lafı etsek aklımıza et geliyor. Et yemeden pro-tein alamayız diye düşünüyoruz. Oysa çok yanılıyoruz. Bitkilerde de yeterince protein vardır. Üstelik bitkisel proteinlerin zararı da yoktur. Hayvansal proteinleri tüketmek ise pankreastan alkali sıvıyı harcamak dışında başka zararlar da verir. Bu tür proteinler pankreastan sindirim için yüksek oranda enzim de talep ederler. Evet, pankreasın onca görevi arasında sindirime yardımcı enzimler üretmek de vardır.

96   Pankreas etin içindeki proteini, yağı sindirmek için sindirim enzi-mi üretir. Hayvansal gıdalar, özellikle etler söz konusuysa daha çok enzim lazım olur. Hayvansal proteinleri tükettikçe pankreasa çok iş düşer. Oysa pankreas denince genelde sadece insülin üretmekle ilgili olduğunu sanırız. Gündemimiz diyabet değilse pankreasa ilgi göstermeyiz.

Pankreasın sindirim enzimleri üretmesi vücut için büyük iştir ve genelde hepimizin pankreası bütün bu işlerinden dolayı zaten yorgun-dur. Bu enzimleri üretme çabası arttıkça pankreas daha çok yorula-caktır. Yine yurtdışında hayvansal besinler tüketildiğinde pankreasın sindirim enzimlerini içeren destekler verilir. Bizde bu uygulamalar yaygın değildir. Özellikle ağır akşam yemeği yenirse sindirim enzimle-rini, HCL preparatlarını kullanmak faydalıdır. Gerçi bana sorarsanız akşam yemeğini hiç yememek daha faydalıdır ya o ayrı mesele!

Özetlersek:

Hayvansal ve bitkisel proteinler arasındaki farklar:
* Hayvansal proteinler pankreasın hem bikarbonatını hem de enzimlerini tüketirler.

* Bitkisel proteinler bikarbonat tamponu harcatmaz, pankreastan sindirim enzimi talep etmezler.

Özellikle çiğ yenen sebzeler kendi alkali tamponları ve kendi sindirim enzimlerini de beraber getirirler.

Sebze yendiğinde pankreas dinlenir.

Hayvansal proteinler	Bitkisel proteinler
• Kolesterolü artırırlar.	• Kolesterolü düşürürler.
• Kanser vakalarını artırırlar.	• Kanserden korurlar.
• Kemik kaybını artırırlar.	• Osteoporozdan korurlar.
• Böbrek hastalıklarını artırırlar.	• Pankreası yormazlar.
• Doymuş yağla doludurlar.	• Lif içerirler.
• Pankreası yorarlar.	• Antioksidanlar içerirler.
• Araşidonik asit içerirler.	• Yaşlanmayı yavaşlatırlar.
• Yaşlanmayı hızlandırırlar.	• Vücudu alkali yaparlar.
• Vücudu asitlendirirler.	• Elektron deposudurlar.
• Proton deposudurlar.	

97

Meraklısına

Çiğ sebze yediğinizde gaz sorunu yaşıyor ve bu yüzden pankreas sindiriminiz yetersiz sanıyorsanız, bunun sebebi pankreasın sindirim enzimi yetersizliği değildir. Çiğ sebze yemenin gaz yapmasının altında yatan sebep, eski beslenme modelimizdeki hatalardır. Alkali beslenme modeline alıştıktan sonra bağırsaklarda bahsedilen fırsatçı bakteriler değil, iyi prebiyotikler olacaktır. Bağırsakta fırsatçı bakteriler olduğu zaman onlar sebzeleri de, etleri de, unları da çürütürler.

Fırsatçı bakteriler bağırsağa gelen her şeyi çürütürler.

Kötü dışkı kokusu ve gaz şikâyetlerinin sebeplerinden biri de budur.

Yeterince alkali beslenme, bağırsak florasını iyi bakterilerden yana değiştirdiği için, çiğ sebzeleri yemekle baştaki şikâyetler derhal yok olacaktır.

Bu yüzden alkali diyete geçmeye başlarken prebiyotik desteğini bir süre almak gerekir.

* Hayvansal proteinler bağırsakta çürür:

Dikkat edilmesi gereken başka bir nokta da, hayvansal gıdaların, özellikle etlerin bağırsakta fırsatçı bakterilerce çürütülmesinin zehirli atıklar bırakması ve bu atıkların vücuda geri emilmesidir. Amonyak başta olmak üzere pek çok toksik madde, hayvansal gıda tüketimi ve fırsatçı bağırsak bakterileri yüzünden meydana gelir.

Hayvansal protein ağırlıklı diyetlerde ilk fark edilen rahatsızlık, kabızlık şikâyetleridir. Bu şikâyetler bazen öyle fazla olur ki yardım almak zorunda kalırsınız. Kabızlık ve kötü dışkı kokusu, kötü nefes kokusu ile beraber gelişir. Bu, içeride feci bir çürüme olduğunun göstergesidir. Kabızlık bağırsağı yavaşlattıkça çürüme artar, çürüme hali bağırsağı asitlendirir. Çürüme, nerede olursa olsun bu bir asitlenme, protonlanma halidir. Artan proton yükü bağırsak çeperine zarar vererek, içeri istenmeyen parçaların sızmasına ve dolayısıyla gıda duyarlılığının artmasına sebep olur.

Asitlendiren gıdalar yendiğinde, aynı öğünde alkali besinlerle tamponlanma yapılmazsa bu zararlar gittikçe çoğalır.

Yanlışları düzeltmenin yolu, bu asitleri alkali besinlerle dengelemekten geçer.

Hayvansal proteinlerin çoğunu işlenmiş olarak tükettiğimizden ve bunların içindeki hormonlar ve raf ömrünü uzatıcı kimyasalların zararlarından bahsetmiyorum bile. Gördüğünüz gibi zarar listesi çok kabarıyor. Özetle her ne şekilde tüketirsek tüketelim hayvansal gıdalardan asitleniyoruz.

Hayvansal protein tükettikten sonra ter ve idrar kokusunda gördüğümüz değişim bu asitlenmenin gözle görülür sonuçlarıdır. Çünkü vücut bu asitleri daha yoğun olarak dışarı atmaya çalışır. Konsantre ederek idrar, ter ve dışkıya katar. Ama atamadığı asitler içeride proton yükü yapar. Pek çok çalışmada, hayvansal protein tüketmekle meme, tiroit, prostat, pankreas, kolon, over, mide kanseri arasında ilişki gösterilmiştir. Bu ilişkinin biyokimyasal temeli, hayvansal proteinlerin yarattığı bu proton yüküdür. Buradaki proton yükü yaratmaları ifadesi;

* serbest radikal oluşturmaları
* enflamasyon yapmaları

* alkali rezervlerini tüketmeleri

* asitlenmeye sebep olmaları

ifadeleri ile aşağı yukarı aynı şeyi anlatır.

Hayvansal proteinler en basit haliyle ÖLÜ'dür. İçlerinde hayvanların canlılık için kullandıkları elektronlarını taşımazlar, ölmenin karşılığı olan proton deposudurlar.

Buna karşılık sebzeler elektron deposudur.

Bizim her şeyden çok elektrona ihtiyacımız var!

Beslenmek için tercih ettiğimiz kaynak ister protein, ister yağ, ister karbonhidrat olsun, gerçekte vücudun aradığı şey elektrondur.

İnsanlar bitkisel beslensinler diye uzun bağırsaklara sahiptirler. Etobur hayvanların bağırsakları kısadır. Çünkü yenen ölü hayvanın o bağırsakta uzun süre beklemesi istenmez. Et yiyicilerde normal bağırsak bakterileri de bizim prebiyotik bakterilerimizden farklıdır. Onlardaki, etle uyumludur. Bizde olması gerekenler ise sebze ile uyumludur.

99

Meraklısına

Kırmızı etin araşidonik asit denen ve enflamasyonu başlatan bir aminoasit içerdiğini belirtmiştik. Zaten balığın kırmızı etten daha iyi olmasının sebebi de bundan kaynaklanıyor. Balığın yararlı olmasının nedeni, içinde omega-3 yağının olmasıdır. Bu yağ ortamda olduğunda, araşidonik asitten enflamasyon maddeleri yerine anti-enflamatuar maddeler üretildiğini geçmiş bölümlerden hatırlıyoruz. Araşidonik asidin enflamatuar maddeleri üretmemesinin tek yolu ortamda yeterince omega-3 yağı olmasıdır. Balık, içeriğindeki anti-enflamatuar omega-3 yağı sebebiyle ete göre çok daha temiz bir gıdadır.

Şimdi aklınıza şöyle bir soru geldiğini tahmin edebiliyorum. Peki, biz hiç mi et tüketmeyeceğiz artık? Ağızda iyice çiğnemek, yanında karbonhidrat yerine çiğ sebzeyle tüketmek suretiyle haftada bir iki kez doğal mera hayvanı eti tüketimi önerilebilir. Kırmızı et yediğiniz her öğünde tükettiğiniz etin dört katı kadar sebze yemek gerekir. Etten gelen proton yükünü sebzeden gelen elektronla bu şekilde tamponlamak en iyi çözümdür. Özellikle de işlenmiş ve kötü yöntemlerle pişmiş et yeniyorsa alkali desteği sağlamaya daha çok dikkat edilmelidir.

Ben hayatı sürekli bir diyet halinde, tatsız tuzsuz geçirmek istemiyorum diyorsanız, bedeninizi asitlendiren her gıdayı böyle bir yöntemle tamponlayarak tüketebilirsiniz. O zaman içiniz rahat edebilir. Çünkü zararı çok aza indirgemiş olursunuz.

Protein kaynağı deyince akla et gelmesi gibi et tüketimi azaltılınca kas kaybı olacağına dair de bir inanış vardır; oysa durum tam tersidir. Ispanakta etten daha çok aminoasit bulunur. Yani Temel Reis o pazıları gerçekten ıspanakla yapmış, hiç şüpheniz olmasın!

* Proteinlerdeki temel sorunlardan biri, fazla tüketildiklerinde depolanmamalarıdır:

Karbon (C), hidrojen (H) ve oksijen (O) atomlarını içeren yağlar ve karbonhidratlardan farklı olarak proteinlerde bir de nitrojen (N) vardır. Ve vücudumuz nitrojeni depolayamaz. Kullanmadığı fazlalığı derhal atmak zorundadır. Proteinlerin içlerindeki nitrojen atılmadan, fazla yenen protein yağa çevrilip depolanamaz.

100

Evet, fazla yenen protein yağ olarak depolanır ama içlerindeki nitrojenden ayrılmak kaydıyla.

Bu ayırma için yapılan işlemin adı deaminasyondur. Bu işlem sonucunda da amonyak oluşur.

Amonyak her zaman protein metabolizmasının sonucu oluşan bir maddedir ve vücut için çok toksiktir.

Amonyağın zararının engellenmesi için üreye dönüştürülüp idrarla atılması gerekir. Bu dönüşüm de karaciğerde olur.

Meraklısına

Siroz hastalarında amonyağın üreye dönüşümünü karaciğer yapamayacağı için amonyağın kanda artması siroza bağlı komayı ortaya çıkarır. Şuur kaybıyla birlikte görülen bir komadır bu. Çünkü amonyak beyine çok kolay sızar, beyin için çok zararlıdır.

* Ne kadar protein almalı?
Sağlıklı bir insanda sürekli bir protein yapım ve yıkımı vardır.

Kastaki proteinler yıkılıp bunlardan aminoasitler oluşturulur ve vücut aminoasit havuzuna getirilip tekrar yapım için kullanılır. Böylece bu aminoasitlerin yüzde 80'i tekrar kasa protein olarak geri gönderilir. Geri kalan bir miktar, nitrojen artığı ve karbondioksit olarak atılır. **Günlük protein kaybı bu şekilde 50-70 gr. kadardır. Sadece bu kadarını yerine koymak yeterlidir.** Oysa modern yeme şeklimizde çok fazla protein tüketiyoruz. Bu proteinleri hazmedip sonrasında bunlardan kurtulmak mide, pankreas, bağırsak, karaciğer ve böbrek için büyük yüktür.

İster bitkilerden ister hayvanlardan gelsin, kaynağı ne olursa olsun, sindirimle gelen proteinlerdeki aminoasitler hemen yeni protein yapımında kullanılmayacaklarsa hızla yıkılırlar. Fazla aminoasit vücut tarafından biriktirilemez. Vücudun yağ ve karbonhidrat için olduğu gibi aminoasit için bir depolama yöntemi yoktur. Fazla aminoasit tüketmek bu sebeple yararsız bir çabadır.

Her tüketildiğinde bu aminoasitlerin nitrojenleri ayrılmalıdır. Ancak bu şekilde fazla aminoasitler, aminoasit olmaktan çıkarılıp yağa çevrilerek depolanabilirler.

101

Vücutta atılabilenden fazla nitrojen varsa, yani alınan protein fazla ise buna *pozitif nitrojen balansı* denir. Büyüme çağındaki çocuklar ve hamilelerde pozitif nitrojen balansı istenir. Fakat normal sağlıklı yetişkinde nitrojenin eşit dengede olması gerekir. Giren ve çıkan eşit olmalıdır.

* Proteinler amonyağı artırır:

Vücuda fazla olarak giren proteinin içindeki nitrojen, önce karaciğerde amonyak olur. Sonra böbrekten üre olarak atılır.

Protein söz konusu ise, ister yapıtaşı olarak yeterli miktarda alınsın, isterse diyet amacıyla fazla miktarda tüketilsin, bunlardan her zaman amonyak üretilir. Alım miktarı arttıkça karaciğerde amonyak oluşumu daha yüksek olacaktır ve önceki satırlarda belirttiğimiz gibi amonyak zehirlidir.

Amonyak oluşumuna karaciğer dışında bağırsaklardaki fırsatçı bakterilerin de katkısı vardır. Burada oluşan amonyak bağırsak çeperinden hızlıca içeriye sızabilir. Amonyak gerçekten çok zehirlidir. Beyin dahil her yere kolayca sızabilir. Bu yüzden anında karaciğer tarafından tutulmalıdır. İşte bu nedenle karaciğeri hasarlı kimselerde diyette hayvansal proteinlerin azaltılması şiddetle tavsiye edilir. Buna ek olarak bu durumdaki kişilere bağırsak laksatifleri verilir ki hayvansal proteinler bağırsakta çok beklemesin...

Amonyak hem vücut için toksiktir,
hem de beyin için nörotoksiktir.

Amonyak derhal üreye çevrilir, çünkü üre daha az zararlıdır. Amonyağın kimyasal formülü NH3'tür. Burada N, nitrojeni gösterir.

pH'tan bildiğimiz üzere, H (+)'lar ise asit-protonlardır. Formülünde görüldüğü üzere amonyakta bundan 3 tane vardır. Yani amonyağın içinde vücuttan nitrojenin yanında asit-proton da atılmak istenir.

Karaciğer amonyağı böbrek vasıtası ile üreye çevirir. Üre ile birlikte idrardan hem nitrojen hem asit H (+) proton atılır. İdrar pH'ı bu yüzden asitlidir.

Üre, BUN, kreatinin, ürik asit şeklinde laboratuvar testlerinde gördüğümüz tabirler, protein metabolizması ile ilgilidir. Bunlar protein metabolizmasının artıklarıdır. O yüzden fazla hayvansal protein tüketenlerde artarlar.

* Proteinler glutamini azaltır:

Fazla protein tüketmenin bir başka olumsuz sonucu, karaciğer ve böbrek arasındaki bu amonyak atılım döngüsünde glutamin isimli bir aminoasit harcanmasıdır.

Glutamin
* Vücutta en fazla bulunan önemli bir aminoasittir.
* Kaslarda çok bulunur. Kas sağlamlığında önemlidir.
* Glutamin bağırsak duvarı sağlamlığı için de lazımdır. Glutamin bağırsak duvar hücrelerini onarır.
* Ayrıca bağışıklık sisteminde de çok önemli bir rolü vardır.

Proteinleri fazla tüketince nitrojeni uzaklaştırmak için amonyak oluşumunda glutaminin kullanılması glutamin miktarını azaltır. Çünkü amonyağın karaciğerden böbreğe taşınması glutamin sayesinde olur. Amonyak zehirli olduğu için vücutta tek başına dolaşamaz. Taşınmaya yardımcı olarak harcandığı için bağırsak duvar hücrelerini tamir etmek için gereken glutamin miktarı azalır. Dolayısıyla fazla protein tüketiminde bağırsak duvar hücrelerinin onarımı da azalır, bağırsak hasarı artar. Spastik kolon hastalığında, hasarlı bağırsak çeperini tamir edecek glutaminin miktarının azalması hastalığın şiddetini artırır.

Protein nitrojeninden kurtulmanın bedeli bu kadar da değildir.

* Hayvansal proteinler böbrekten de bikarbonat harcatırlar:

Oluşan amonyağı üreye çevirmek böbrekte *üre siklusu* denen bir sistemle olur. Bu siklusla amonyak üre olurken, böbrekteki temel alkali tampon bikarbonata ihtiyaç vardır. Böbrekteki bikarbonat amonyağın üreye çevrilmesini sağlar. Üstelik bu iş için çok fazla su da harcanır. **Protein diyetlerindeki hızlı kilo kaybının bir başka sebebi de bu su kaybıdır. Protein diyetleri dehidratasyon yapar.**

Özetle beslenmeyle alınan fazla hayvansal proteinler vücuttaki metabolik artıkları çoğaltır. Nasıl karbondioksit bir artıksa ve gaz şeklinde akciğerlerden atılıyorsa, diğer metabolik artıkların da su içinde idrarla, terle, dışkıyla atılması gerekir. Proteinlerin nitrojeni de atılması gereken bir atıktır ve karaciğer-böbrek çalışması sayesinde amonyak ve üre olarak sıvı şekilde idrarla atılır.

Protein tüketiminde glutamin, su ve bikarbonat kaybederek bedel ödenir.

Peki, karaciğer ve böbreğin nitrojen ve asit atma çabasının yetişebileceğinden fazla hayvansal protein tüketirsek ne olur?

Ürik asit bildiğimiz üzere fazla hayvansal protein yemekten dolayı yükselen bir maddedir. Bakalım ürik asit tam olarak nedir:

Ürik asit kandaki en önemli antioksidandır. Yani protonlara elektron veren bir maddedir.

* Neden protein yiyince ürik asit artar?

Çünkü ürik asit proteinlerin nitrojenlerinin ve hidrojenlerinin atılım yollarından biridir.

Proteindeki nitrojen;
* Amonyak şeklindeyken bir tane NH3 içerir.
* Üreye dönüştüğünde 2 tane NH3 içerir ve idrarla atılır.
* Ama ürik asit içerisinde 4 tane NH3 barındırabilir. Ürik asit 4 tane nitrojen ve 12 tane hidrojen yani H (+) proton tamponlayabilir. Bu yüzden kuvvetli bir antioksidandır.

Fazla hayvansal protein tüketilince sıvı olarak üre şeklinde idrarla atılamayan hidrojen ve nitrojenler mecburen ürik asitle tutularak kanda dolaşır. Nitrojen ve H (+) proton yükü çok arttığında, yani çok hayvansal gıda yendiğinde, ürik asit çok fazlalaşır. Bu durumda ürik asit, kristaller şeklinde eklemlere çöker. GUT hastalığı dediğimiz şey budur.

Ürik asit, aslında C vitamini gibi çalışır. Antioksidan kapasitesi C vitamininkinden çoktur. Hem proteinlerin fazlalık 4 nitrojenini kendisinde taşıyabilir, hem de proteinlerden gelen H (+) protonlarına elektron vererek onları nötralize eder, asitlenmeyi azaltır.

104   Genel olarak ürik asit yüksekse, tedavi olarak ürik asit oluşturan enzim ilaçla bloke edilir. Oysa ürik asit artarak protein yükünün getirdiği asitlenmeyi tamponlamaya çalışır. Ürik asidi düşürmek için beslenmedeki hayvansal proteinin azaltılması daha doğru bir seçenektir.

Meraklısına

Neden ürik asit gut hastalığı yapacak kadar eklemlere çöker? Neden kristalleşip katı hale geçer?
Vücut proton, yani asit fazlası olduğu her durumda bunları;
1- Gaz olarak karbondioksit şeklinde akciğerden atmaya çalışır.
2- Sıvı hale getirerek böbrek, ter ve dışkı ile atmaya çalışır.
3- Bu şekilde atabileceği kapasitenin üstünde bir asit-proton yükü varsa bunları vücut sıvılarında dolaştırmamak için katılaştırarak çöktürür. Gutta olan budur.
Guttan kolesterol plaklarına, eklemlerdeki kireçlenmeden meme filmlerindeki kalsifikasyonlara kadar her şey sıvı asit yükünün atılabilenden fazlasının katı olarak çöktürülmesi sebebiyledir. Vücut kendi sıvılarındaki

proton yükünü böyle azaltır. Asitlenmeden kendini böyle korur. Bel bölgesi kiloları da katı asitleri yağ asitleri içinde depolamak için ilk seçilen yerlerdir. Zaten vücuttaki asitlenme azaltılmadan bel bölgesinden kilo vermek çok zordur.

Gut, eklemlerde şiddetli ağrı ve enflamasyonla beraber ilerleyen bir hastalıktır. Gut dışında diğer eklem hastalıkları da hayvansal proteinleri fazla tüketmekten olumsuz etkilenir. Hayvansal proteinlerin araşidonik asit ürettiğini, araşidonik asidin de enflamatuar maddelerin öncülü olduğunu hatırlayalım. Eklem hastalıkları enflamasyonla seyreden hastalıklardır. Yani eklem ağrılarınız varsa fazla hayvansal proteinli beslenme bu şikâyetleri artırır.

Tüm enflamatuar hastalıklardan korunmak için anti-enflamatuar beslenme, alkali beslenmedir. Alkali beslenmede hayvansal protein grubunun azaltılması ve bunların her zaman sebzelerle tamponlanarak yenmesi önerilir. İyi yağlar, baharatlar, kuruyemişler ve tohumlar, alkali su, balık, sebze ve meyveler anti-enflamatuar beslenmeyi oluşturur. Anti-enflamatuar beslenme başlı başına bir kitap konusudur. Ama ifade anti-enflamatuar olarak kullanılsa da anlatılmak istenen alkali beslenmedir.

Başka ne yemeyelim?

7. bölüm

Asitlendiren besinler

Karbonhidratlar

* Karbonhidratların yarattığı sorunlar:

Beslenmede kısıtlanması gereken diğer bir grup, gluten içeren unları da kapsayan şekerli ve basit karbonhidratlı besinlerdir. İster undan, ister tatlıdan, ister meşrubattan, ister sofra şekerinden gelsin bu karbonhidratları tüketmenin bedelleri vardır.

Maalesef günümüzde etrafımız bu tür yiyeceklerle dolu. Yiyecek bolluğu içinde yaşıyoruz çok şükür. Bu bolluk içinde size beslenmemizde eksiklikler olduğunu söylesem herhalde bana, "Hadi canım! Ne eksiği?" dersiniz. Ama öyle. Gerçek şu ki "gerçek" anlamda beslenemiyoruz! Çağımızda tükettiğimiz yiyecekler giderek daha az vücudun ihtiyaçlarına cevap veriyorlar. Yani bunların içi vücut için gerekli hammaddelerle dolu değil. Açıkçası pek çoğu gıda bile değil! Bir şeyin yenebilir olması onu gıda yapmıyor sonuçta. Ayrıca bu gıda olmayan gıdaları tüketmenin de bir bedeli var. Raf ömrü uzadıkça bedel artıyor. Raf ömrü uzadıkça bizim ömrümüz kısalıyor.

Karbonhidrat denince

aklımıza gelen ilk zarar fazla kilolar oluyor. En ağır durumda ise diyabeti hatırlıyoruz. Bunlar buzdağının sadece görünen kısmı desem ne dersiniz?

Öncelikle şu konuya bir açıklık getirelim: Her karbonhidrat dendiğinde şekeri, her glikoz dendiğinde yine şekeri anımsıyoruz. Bunları aynı şeyler sanıyoruz. Oysa vücudun enerji için şeker kullandığı inancı ortadan kalkmalıdır. Glikoz = şeker değildir. Glikoz bir son maddedir ve bunun ön maddesi her şey olabilir. Karbonhidrat

da, şeker de, protein de, yağ da, ot da, et de, süt de olabilir.
Vücut her şeyi glikoza çevirebilir. Glikoz, hücre fırınında enerji için yanan odunun adıdır. Ne zaman, "Vücudun enerjiye, glikoza ihtiyacı vardır" cümlesi geçse şekere ihtiyacımız vardır olarak algılamayalım.
Peki, bu enerji sağlayan glikozun kaynakları nelerdir?

1- Elbette karbonhidrat içeren gıdalar:
   Unlular, nişastalılar, şekerliler, meyveler, baklagiller, sütgiller, kuruyemişler, sebzeler
2- Protein içeren gıdalar:
Sütgiller, baklagiller, kuruyemişler, sebzeler
3- Yağ içeren gıdalar:
   Kuruyemişler, sütgiller, sebzeler, etlerin yağlı kısımları

Burada *sütgiller*in, *kuruyemişler*in ve *sebzeler*in her 3 grupta da bulunduğunu görüyoruz. Bunların hem *yağ,* hem *protein* ve hem de *karbonhidrat* içerdiğini fark ediyoruz.

Baklagiller de iki grupta birden bulunuyor; hem proteinlerde, hem karbonhidratlarda. Yani baklagiller hem *protein* hem *karbonhidrat* kaynağıdır.

Yani bu grupların hepsi protein ve yağ dışında karbonhidrat da içerdiğinden, bunlarda genel bildiğimiz tabirle "şeker" hammadesi vardır. Bu durumda yalnızca unlular ve şekerliler tek başlarına sadece karbonhidrat içeriyorlar. Diğerleri ise karışık karbonhidrat kaynaklarıdır.

Mesela sütte protein ve yağın yanında laktoz, yoğurtta ise galaktoz isimli karbonhidratlar vardır.

Baklagillerde, bitkisel proteinlerin yanı sıra kompleks yapılı karbonhidratlar vardır.

Meyvelerde ve sebzelerde fruktoz veya glikoz olarak karbonhidratlar vardır.

Kuruyemişlerde iyi yağlar ve protein yanında çoğunluk olarak karbonhidratlar vardır.

Demek ki hiç unlu ve şekerli yemesek de zaten sebze, kuruyemiş, meyve, baklagiller ve süt grubundan karbon-

hidrat, yani genel söyleyişle şeker almış oluyoruz.

Bu durum bize şu soruyu sordurur: Bu unlular grubunu ve şekerin kendisini hiç yemesek olur mu?

Olur.

Vücudun şekere değil, glikoza ihtiyacı var. Glikozu sağlamak için en kötü kaynaklar işte bu şekerli besinler, şekerli içecekler, tatlılar, sofra şekeri, reçeller, alkol, unlu besinler, ekmek, makarna, pasta, pizza, börek, kurabiye vs. vs. Yani aklımıza gelen her şey.

Tamam, çok fazla yazıldı çizildi; bunları yememenin daha iyi olduğunu anladık fakat bunların, kilo dışında başımıza tam olarak neler açtığını biliyor muyuz?

Öncelikle fizikçilere üzülerek söyleyeyim ki termodinamiğin ilk kuralı bizde çalışmıyor. Yani giren enerji = çıkan enerji olmuyor.

"Kalori olarak içeri aldığımız enerjiyi ya hareketle yakarız, yakamazsak da o miktarda enerjiyi yağ olarak depolarız" kuralı eskidi, artık çalışmıyor!

Bu şekilde bir düşünce değişikliği yapmak ilk anda size zor gelebilir:

* Yani kilo almanın sadece yediğimizle ve harcadığımız enerji ile ilgili olmadığını kabul etmek.

* Zayıflamanın, kalori azaltan diyetleri yapmak ve egzersizle enerji harcamaktan ibaret olmadığını öğrenmek.

Oysa birazdan öğreneceklerimizle bu bilgi hepimizin hayatını kurtaracak.

* Kalori saymayı bırakın:

Uzun zamandır dilimize pelesenk olmuş, "Kalorileri yakamazsanız depolarsınız, bu yüzden az kalorili yiyin" yaklaşımına uygun diyetler sona erdi. Bu ifade kilolu bir insana kendini suçlu hissettirir ki zaten kilolu bir kişi kendisini suçlu hissediyordur. Oysa bir suçları yok! Sadece yanlış metabolizmanın kurbanıdırlar.

Kilo alıp verme olayı kalori hesabından çok öte bir şeydir. Kalori sayarak diyet yapmaya çalışmak, azıcık kilo vermeyle sık sık nevroz atakları yaşamak arasında gidip gelen sinir bozucu bir süreçtir.

Kalori sayma takıntısını bırakmalıyız!

Kilo alma dediğimiz sürecin vücutta nasıl bir süreç olduğunu biyokimyasıyla öğrenmek zorundayız artık!

* Nasıl kilo alıyoruz?

Kilo alma konusunda karbonhidratların nasıl çalıştığını görelim.

Yenen bütün karbonhidratlar, büyük moleküllü karbonhidrat halinden ayrışıp en küçük karbonhidrat molekülü olan glikoz ve fruktoza kadar sindirilir. İncebağırsaktan içeri ancak bu küçük moleküllü halleriyle alınabilirler.

Glikoz bağırsaktan içeri girerken enerji gerektiren aktif transportla alınır. Fruktoz enerji gerektirmeden kendi başına girer.

En önemli metabolizma kurallarından biri şudur:

Yemekten sonra bağırsaktan kana geçen glikozun kandan 2 saat içinde uzaklaştırılması gerekir.

Kandaki glikoz şu şekilde uzaklaştırılır:

1- İlk olarak glikoz insülinin yardımıyla hücrelerin zarlarından içeri girerek oksijenle yakılıp enerji için kullanılır.

2- Glikozun kalanı karaciğerde ve kasta glikojen şeklinde depolanır. Bunlar glikozun kısa süreli enerji deposudur. Çok az bir miktarda glikoz glikojen olabilir. Çünkü hem karaciğerin, hem kasın glikojen depo yeri fazla değildir.

3- Hâlâ kanda mevcut glikoz varsa bunlar uzun zincirli yağlar şeklinde depolanır. Kalça yağlarımız böyle oluşur. Glikojenin aksine yağlar uzun süreli enerji depolarıdır ve büyük bir depolama kapasitesine sahip olduğumuzu biliyoruz. Malum, kilo almanın sonu yok!

Şimdilik bu üç şekilde kandaki glikoz uzaklaştırılmış olur ama dediğimiz gibi şimdilik.

Bu 3 işlemin neredeyse hepsinden insülin sorumludur. İnsülin olmadan hücrelere glikoz giremez. İnsülin olmadan karaciğer ve kasta glikojen depolanamaz. İnsülin olmadan yağ deposunda da yağ depolanmaz.

Vücudumuzda insülin vardır, çünkü kandaki glikozun belli bir seviyenin üzerine çıkması istenmez. Yoksa diyabet oluruz. **Aslında** insülinin varlığı bizi diyabetten koruyan bir durum gibi görünse de kısa süreli diyabet ataklarını her yemekten sonra geçiriyoruz.

Bana sorarsanız aslında hepimiz diyabetiz. Ama bunu kabul etmeyip pankreasımıza fazla güveniyoruz.

Pankreas kan şekerini insülin aracılığıyla düşüren organımız. Karbonhidrat içeren yemekten sonra incebağırsaktan emilen glikozların miktarı sürekli pankreasın gözetimindedir. Pankreas o anda başka ne iş yaparsa yapsın bir taraftan sürekli kan glikoz düzeyini gözetir. (Kan şekeri terimi yerine kan glikozu demeyi özellikle tercih ediyorum. Bildiğimiz üzere şeker dışında, yağlar ve proteinler de enerji için kullanılabilir. Hepsinin kullanım için dönüştüğü son halin adı glikozdur.)

Pankreas bu ince kan glikozu ayarını nasıl yapar?

Laboratuvarlarda "0-2 saat açlık-tokluk şeker" testinde açlık ve yemekten sonraki 2. saat tokluk glikoz değerlerine bakılır. ***111***

Neden 2 saat?

Çünkü biz insan türü olarak buna programlıyız.

İçeri giren glikozun miktarı ne kadar çok olursa olsun, kan şekeri 2 saat içinde açlık değerine döndürülmelidir.

Açlık halinde kanımızdaki glikozun olması istenen ideal bir aralık vardır. Bunu testlerde 70 ila 110 arası gibi değerlerde görüyoruz. Bu ideal açlık kan glikoz değeri vücut tarafından çok sıkı ayarlanır. İster tek bir baklava yiyelim ister bir tepsi, kan glikozu mutlaka 2 saatte yine açlıkta olduğu değere düşürülmelidir.

Kandaki glikozun 2 saatten uzun süre yüksek kalması asla istenmez. Bunu ayarlamak da pankreasın görevidir. İnsülinin değil.

Bu sistem şöyle işler: Pankreas bağırsaktan emilen glikozun hem miktarına bakar, hem de dakikada ne hızda emildiğine. Kan glikozunu açlık değerine düşürmek 2 saat içinde yapılması gereken zorunlu bir iş olduğu için, hızlı bir şekilde emilen glikoz pankreası alarma geçirir. Pankreas giriş hızından etkilenerek, 2 saat içinde gerçekte girenden daha fazla glikozun içeri gireceğini sanır. Bu yüzden **eğer glikoz bağırsaktan hızla emilirse pankreastan daha**

yüksek bir insülin cevabı olur. Glisemik indeks, glisemik yük gibi terimlerin hepsi glikozun bağırsaktan emilimi ile ilgili terimlerdir.

Unlu ve şekerli gıdalar çok kolay sindirilebildiği için kısa sürede bağırsaktan emilebilecek hale gelirler. İçeri hızlı girerler. Bu durum, az yeseniz bile emilim hızı yüzünden pankreasta çok glikoz geleceği algısını yaratır. Yaratılan telaş yüzünden pankreas fazla insülin salgılar. Fazla insülin de bir süre sonra hipoglisemiye sebep olur. Karbonhidrat tükettiğinizde tekrar hızla acıkırsınız.

Glikozun kolay emilebilir olmasının dışında, bağırsaklardaki emilim yüzeyinin hasarlanması da emilim hızını artırır. Gıda duyarlılığından bildiğimiz üzere bağırsaklardaki porlar dediğimiz delikçikler büyürse besinlerin içeri geçiş hızı artar. Ki bu gıda duyarlılığının nedenlerinden biri de, içi nişasta glikozu dolu unlular grubudur. Bu durumda kan glikozu daha hızlı yükselir. Durumun vahameti pankreasın normalden daha yüksek insülin salgılamasına sebep olur. Çünkü glikozu ortadan kaldıracak tek şey insülindir.

Eğer bir öğünde şeker ve unla birlikte yağ da tükettiysek, insülin önce kandaki glikozun enerjiye harcanmasını sağlamak için yağların enerji olarak kullanılmasını engeller. Bu yağları da yağ depolarına gönderir.

112

* İnsülin varken glikoz hücrelere sokulmaya çalışılır.
* İnsülin varken yağlar yağ deposuna sokulmaya çalışılır.

İnsülin ortalıkta oldukça bu yağ depolama işi, az da yeseniz çok da yeseniz devam eder.

O halde kilo alırken suç insülinin mi?

Hayır, genel inanışın aksine insülin de, onu kana fazla salan pankreas da kilo alımında suçlu değildir. Suçlu olan siz de değilsiniz. Çünkü aslında çok yemediniz! İşin gerçeği kilolu insanların çoğu fazla yemekten kilo almıyorlar, kolay kilo alabilir hale geldikleri için kilo alıyorlar. Bence gerçek obur çok az.

Peki, sorun ne o zaman?

İnsülin direnci:
Bu terimde insülin kelimesi geçtiği için yine fatura insüline kesil-

mesin. İnsülini azaltmaktan başka kilo verme yolu yokmuş gibi de görülmesin. İnsülin direnci olan siz değilsiniz, hücreleriniz. Esasında hücre zarlarınız. İşte kilonun da, diğer hastalıkların da oluşmasındaki tek sebebe, her şeyin başlangıç noktası hücre zarına geri geldik. Yani kitabın başına, başladığımız noktaya geri döndük. Evet, suçlu hücre zarıdır ki onu bu hale getiren proton kaynakları utansın!

Yaşam enerjimizin nasıl oluştuğunu hatırlıyor muyuz?

* Yüz milyarlarca hücremiz enerji üretimi için o veya bu kaynaktan gelecek maddeleri glikoza çevirecek.
* Onu nefesle aldığımız oksijen ile enerji fırınında yakacak, elektronları kullanarak ATP enerjisi üretecek.
* Fırınların, yani mitokondrilerin dumanını karbondioksit olarak nefesle atacak.
* Kalan artıklar olan protonlar, yani serbest radikaller, antioksidan sistemlerce hücre içinde temizlenecek.
* Bu temizlikten artanlar idrar, ter, dışkı yoluyla vücuttan dışarı atılacak.
* Elektron içeren besinler yerine proton içeren besinler tüketildiğinde bu çöpler daha da artacak.
* Protonların atılamayanları hücre zarından elektron çalacak.
* Hücre zarı sıvı halden katı hale geçerek sertleşecek.
* Sertleşen hücre zarları üzerindeki reseptörler hasarlanacak, insülin dahil tüm hormonlara duyarsızlaşacak.
* Bu durum bize hızla kilo aldıracak.
* Sadece kilo almakla kurtulamayacağız, hızla hastalanıp yaşlanacağız!

En ideal beslenmede bile, canlılık için enerji üretmenin bedeli bu şekilde yaşlanmaktır. Sebep, milyarlarca hücrenin enerji üretmek için kullandığı glikoz ve oksijendir. Ancak bu enerjinin oluştuğu her seferde yüzde 3 kadar proton artığı oluşur. Her saniye hücrede enerji oluştuğuna göre yediklerimizin yüzde 3'ü sürekli protona dönüşür. Bunlar temizlenmeseydi anında ölürdük.

Hücre içinde proton temizleyen bir tür "elektrik süpürgesi" vardır.

Bu süpürge süper antioksidan glutatyon ve yardımcılarıdır. C vitamini, selenyum, süperoksit dismutaz gibi antioksidanların temizlik adına yaptığı şey oksitlenme-redüklenme denen bir döngüdür. Glutatyon hücreyi korumak için kendisi oksitlenir. Yani kendi elektronlarından verir. Glutatyon elektronu kaybederek oksitlenmiş, paslanmış olur ama bu şekilde hücrenin diğer yapılarını paslanmadan korur. Bu her gün olur.

Daha farklı bir ifadeyle anlatalım:
Hücrede enerji oluşurken serbest radikaller ortaya çıkar. Bunların nötralize edilmesini antioksidanlar sağlar. Glutatyon ve diğerleri antioksidandır.

Bir başka anlatım:
Enerji oluşurken hücre içinde asitlenir. Bunları vücudun alkali tamponları nötralize eder.

Veya:
Enerji oluşurken artık olarak protonlar çıkar. Protonları nötralize eden elektronlardır.

Bu ifadelerin hepsi aynı şeyi anlatır.
Elbette bu durumu daha basit bir şekilde anlatmak da mümkün. Ama biz burada artık en ileri teknik detaya girdik ve atomun alt birimleri olan elektron ve proton üzerinden sağlığı anlatıyoruz. İnsan olarak karışık gibi görünüyoruz ama aslında çok basit bir mekanizmamız var. Elektron-proton matematiği kadar basitiz.
Vücutta elektron fazlaysa sağlıklıyız, proton fazlaysa sağlıksızız.
Çünkü bütün hastalıklarda proton yükü olur. Tüm iyileşmeler elektron kazanımı ile gerçekleşir.
Konumuz insülin direnci değil miydi? Bu elektron-proton hesaplarının kilo ile ne alakası var diye soruyorsunuz belki de. Anlatayım:

Çünkü:
Ne kadar proton o kadar kilo.

Ne kadar ekmek o kadar proton.
Ne kadar köfte o kadar proton.
Ne kadar şeker o kadar proton.
Özetle:
Ne kadar proton o kadar kilo demek.

Önceki bölümlerde de anlattık ama tekrar etmekte hiçbir sakınca görmüyorum. Hücre içindeki bu protonların fazlası ilk olarak hücre zarından elektron çalacaktır. Hücre zarı doymamış yağ yapısında olduğu için, fazla elektronları vardır. Zaten bu yapısı onun sıvı ve geçirgen olmasını sağlar. Hücre zarlarını oluşturan bu yağların doymamış yağ olması onun iyi çalışmasında en önemli şarttır.

Hücre zarı hücrenin iki ihtiyacına aracıdır:
1- İstenen maddelerin içeri alınması
2- İstenmeyen artıkların dışarı atılması

Tüm hücreler birbirleriyle; hormonlarla ve ana kumanda olan beyinle bu zarların kalitesine göre iyi bir iletişimde bulunabilirler. **115** Hücreler, zarları aracılığıyla birbirleriyle ve beyinle konuşurlar. **Sağlığın birinci kuralı hücre zarının sağlamlığıdır.**

Zarlar elektron kaybederse neden kilo alırız?
Elektron kaybetmek zarı sıvıyağ halinden margarinleşmeye doğru götürür. Bu durum zarın ideal olan -cis şeklindeki yapısını da bozup onu -trans yapar. Trans yağların vücut için kötü olduğunu bilmeyen var mı?

Hücrenin tüm vücut ile ilişkisi zar üzerinden olduğuna göre bu diyalogda bozukluklar olmaya başlar. İşte insülin direnci de, insülinle diyaloğu bozulmuş hücre zarı demektir. İnsülinin hücreye glikoz sokması için zar üstündeki reseptörlerle temasta olması gerekir.

GLUT-4 adındaki reseptör bekçiler, her hücrenin üzerinde bulunur ve insülinin kendinden glikozu içeri alması için talepte bulunmasını bekler. İnsülini görünce GLUT-4 kapısı açılır ve glikozu içeriye yakıt olarak ancak böyle alabilir. Hücre, açlıktan ölse de GLUT-4 kapıyı açmadan glikoz enerji için kullanılamaz. Çok az sayıda hücre bu kuralın dışındadır.

İnsülin direncinde sorun, zarın dış yüzeyindeki bu GLUT-4 anahtar deliğine insülin anahtarının artık uymamasıdır. Çünkü elektron kaybeden hücre zarı değişmiş, esnek sıvı halden katılaşmaya dönmüştür. Kilit sertleşmiştir. Anahtar kilide uymaz, kapı açılmaz, kapı duvar olur! İşte bahsedilen direnç aslında zarın direncidir. Suç insülin veya pankreasta değildir.

Milyarlarca hücrenin her birinde olmaya başlayan bu zar sertleşmesinin sonucunu biz laboratuvar testlerindeki insülin direnci olarak görürüz.

Genelde zannedilir ki insüline direnç varsa bu sadece şekerli yiyeceklerle, yüksek kan şekeri ve yüksek insülin düzeyi ile ilgili bir durumdur.

Hayır!

Bu direncin sebebi hücre zarının;

* oksitlenmesi
* protonlanması
* asitlenmesi
* serbest radikal hasarına uğraması
* elektron kaybetmesi
* yapısının sıvıyağdan katı hale gelmesi
* esnekliğini kaybetmesi
* üzerindeki, dışarıya cevap veren her türlü reseptörün cevabının azalmasıdır.

Tüm asitlendiren **besinler** **proton fazlalığı yaparak** hücre zarında sertliğe ve dolayısıyla insülin direncine sebep olurlar.

Hücrede insülin direnci varsa, insülin dışında diğer tüm hormonlara da cevap azalmıştır. O yüzden bir kişide hücre zarı hasarını gösteren insülin direnci varsa, o kişide serotonin direnci ve bunun sonucu olarak depresyon, testosteron direnci ve kas kaybı, libido azalması vs. de var demektir.

İnsülin direnci var dediğimiz anda, vücuttaki tüm sistemlerle hücre arasında bir direnç ve yavaş cevap verme söz konusudur.

Yine de iyi ki insülin direnci diye bir şey var! Çünkü hücre zarı yaşlanmasını basitçe böyle ölçebiliyoruz. Malondialdehit, LDL oksidasyonu, lipit peroksidasyonu, zarlardaki omega-3, omega-6 oranı gibi özel testler de vardır tabii. Bu testler de zar sertleşmesini gösterir ama bu tür testler rutin tahlillerde uygulanmaz.

Elbette insüline direnci gösteren hücre zarının sertleşmesinde, yediğimiz karbonhidratların da çok suçu vardır. Çünkü karbonhidratlar da zardan elektron çalınmasına sebep olan proton artıklarına neden olurlar. Unlu ve şekerli gıdaların "glikasyon" ve "AGE"ler adı ile bilinen, membran sertleşmesine sebep olan proton oluşturucu son ürünleri de vardır. Bu konuya ilerleyen bölümlerde daha detaylı değineceğiz.

Demek ki ister sağlık nedeniyle ister estetik kaygılarla olsun, bilmemiz gereken tek bir gerçek vardır:

Kilo almanın en büyük sebebi hücre zarının sertleşmesidir.

Modern ülkelerde yaşayan, modern beslenme alışkanlıklarını sürdüren herkesin hücre zarları sertleşmiştir. Diyabet ve obezitenin salgın hastalık gibi böyle yaygınlaşmasının nedeni de budur!

8. bölüm

Diyabesite = diyabet+obezite

Kilo almamıza sebep olan hücre zarı sertliğini insülin direnci testiyle nasıl ölçüyoruz?

Açken ve yemek yedikten 2 saat sonra kan glikoz değerine baktırıyoruz. Normalde bu açlık ve tokluk şekerinin birbirine yakın değerde olması gerekir. Çünkü ideal durum budur. Zaten insanların çoğunda da bu değerler (yüksek insülin pahasına) birbirine yakın çıkar. Bu yüzden açlık ve 2 saatlik tokluk şekerinin birbirine yakın değerde olması, "Bende şeker yok" düşüncesiyle sizi konudan uzaklaştırabilir ama fazla acele karar vermeyin.

Bu test esnasında genelde açlık insülini de istenir. Bazen 2 saat tokluk insülinine de bakılır.

Peki bu insülin değerlerini nasıl yorumlayacaksınız?

İnsülinin normal değer aralıkları laboratuvarlara göre değişkendir. Çoğunlukla açlık insülini için bir değer verilir ve bu değer 3-24 arası gibi saçma genişlikte bir aralıkta tutulur. (Bazı laboratuvarlar <5 verir ki bu daha doğrudur.) Tokluk insülini için normal değer çoğu laboratuvarda verilmez. Sanki tokluk insülininde istenen bir normal değer yok gibidir!

Biyokimya uzmanı olarak çok rahat söyleyebilirim ki bu "normaller" istatistiksel bilgilerdir ve toplumun çoğunluğunda olan değer anlamına gelmektedir.

Normal değer ve ideal değer birbirinden farklıdır.

İnsülin direnci denen durumu ölçmek, açlık glikozu ve açlık insülin değeriyle yapılan bir hesaplamadan geçer. Tokluk insülininin bu matematikte hiç yeri yoktur. Tokluk insülin değerinin önemi yokmuş gibi algılanır. Oysa asıl önemli olan tokluk insülin değerinizdir.

119

* Bu tokluk insülini tam olarak nedir?
Tokluk insülininin değeri, tüm hücrelerinizin asitlenmeden ne kadar sertleştiğini gösterir.

Tokluk, yani 2 saatteki insülin ne kadar yüksek ise;

* Hücrelerin zarlarındaki GLUT-4 dediğimiz kapı insüline o kadar duyarsız demektir.
* Zarlarda o kadar sertlik var demektir.
* Zarlar o kadar "kapı duvar" demektir.
* Zarlarda o kadar insülin direnci var demektir.

Direnç hücrelerin insüline cevap vermesini yavaşlattığı için, pankreas o kritik 2 saat içinde kandaki glikozu ortadan temizleme işini hızlandırmak amacıyla daha çok insülini görev başına çağırır. Kanda glikoz yüksek kaldıkça pankreastan daha çok insülin salınır. 2 saatin bitmesine az kaldıkça insülin salınımı şiddetlenir. Süre azaldığı halde kanda azalmayan glikoz yüzünden, pankreas hâlâ şekerli besin yiyoruz zanneder. Daha çok insülin üreterek bu glikozdan 2 saat içinde kurtulma çabasını desteklemek ister. İnsülin olmadan glikozdan kurtulmanın yolu yoktur. Aslında vardır da bu yollar çok zararlıdır.

Sonuçta kan şekerini 2 saatte açlık değerine indirmek ne kadar insüline mal olmuşsa hücre zarları da asitlenmeden o kadar sertleşmiş demektir. Bu yüzden hem açlık hem de 2. saat tokluk insülin değerini bilmek önemlidir.

En sonunda 2 saatte kan glikozu açlık değerine indirilir.

Ama 2. saatte glikoz azaltıldığı halde ortalıkta dolaşan bu kadar fazladan insüline ne olacak dersiniz?

İşte kolay kilo almanın en büyük sebebi tokluk insülininin yüksekliğidir.

Tokluk insülini yüksekse bu şu anlama gelir: Bu saatten itibaren o tokluk insülin değeri de (glikozun indiği gibi) açlıktaki insülin değerine inene kadar, hiçbir yağ yakılamaz, her zaman depolanır; kural budur!

Hücre zarı sertliği yüzünden direnç arttıkça insülin de artar. Bu fazla insülin az yesek bile her şeyi yağa çevirir. Çünkü insülin varken sadece şeker enerji için kullanılır. İşte az yiyip kilo almanın bir sebebi de budur.

Kolay kilo almanın diğer sebebi ise, bu ünlü 2 saat ayarı yüzünden ortaya çıkar. Glikoz değerini 2 saatte açlıktaki haline indirdikten sonra asıl trajedi başlar:

Direnç yüzünden oluşan fazla insülin, kan şekeri 2 saatte açlık değerine indikten sonra da hâlâ kan şekerini düşürmek için çabalamaya devam eder. Çünkü insülin, hâlâ insülindir.

İnsülin artık glikozun değil, kendisinin açlıkta olduğu değerine inene kadar iş yapmaya çalışacaktır. 2. saatteki fazla insülin açlık insülin değerinin çok üstündedir. Ardaki fark ne kadar yüksekse durum da o kadar vahimdir. Fark azalana kadar vücut, kan şekerini açlık değerinin altına düşürmeye ve yağ olarak depolamaya devam edecektir. İnsülin bir kere kana fazladan salındıktan sonra kan glikozunun artık normale inmiş olmasını umursamaz. Hep işini yapar. Yemekten sonraki 3. saatte kan şekerini açlıktaki normal değerinin bile altına düşürür. Mesela açlık kan glikozunu 90, yemekten 2 saat sonra da 95 olarak ölçtük diyelim. Şimdilik sağlıklı gözüküyoruz. Ama direnç varsa 2. saatteki fazla insülin kan şekerini 3. saatte 55 gibi açlıktaki ideal değerden çok daha aşağıya düşürebilir.

Normal değerin altındaki fazla düşmüş kan şekeri yüzünden uyuşukluk, uykulu hal, baş dönmesi, dayanılmaz bir tatlı krizi olur. Bu çok tanıdık durumun adı hipoglisemidir. Hipoglisemiye reaktif hipoglisemi de denir.

Hemen bir şey yemezsek, 1 saat sonra karaciğer glikojen deposundan enerji gelinceye kadar hipogliseminin yarattığı bu semptomlar geçmez.

O kadar çok kişi bu sorunları yaşıyor ki! Kimisi farkında, çoğu ise hiç değil! Özellikle öğle yemeğinden 3 saat sonra uykulu hal olması veya aşırı tatlı isteği normal sanılıyor. Rejim yapanların çoğu bu yüzden tatlıyı, hamur işini bırakamıyor. Çünkü bu hipoglisemi anlarında insanın gözü dönüyor ve aç kalamıyor.

Böyle hissetmek, açlık krizine girmek kimsenin suçu değil. Tatlısız yapamamak veya açlığa dayanamamak hali esasında kırılabilir bir kısırdöngüdür. Dahası o anlardaki uyuşukluk ve depresif haller de kişiliğin bir parçası değildir, düzeltilebilir bir durumdur. Bazı panik atak görüntüsündeki semptomlar da bu hipoglisemik hallerin bir sonucu olabilir.

Hipogliseminiz yüzünden yemekten sonra şekeriniz çok düşüyorsa, durmadan ara öğün mü yapmalısınız? Veya daha çok karbonhidrat mı tüketmelisiniz?

Hayır, bu büyük hata olur!

Hipoglisemi varsa daha fazla karbonhidrat yemek veya daha sık yemek geçici bir çözümdür. Hatta çözüm değil, bir kamuflajdır! İleride kısırdöngüyü artırıp daha çok dirence, daha çok hipoglisemiye sebep olacaktır.

Hipoglisemiyi;

* Hücre zarlarının sertliğini azaltarak aşacağız. Bunun için zardaki doymamış yağlar zarar görmesin diye onların yerine kurban olacak omega-3 içeren besinleri çok tüketeceğiz. Balık, badem, ceviz, ketentohumu gibi.

* Zarlardaki elektronlar çalınmasın diye içinde elektron olan yiyecekleri daha çok tüketeceğiz. Tüm sebzeler, özellikle de çiğ yendiğinde elektron deposudur.

* Unlu, şekerli karbonhidratlar insülini yükseltirler ve insülin direncini görünür kılarlar. Ama ortada hiç insülin yokken de o direnç oradadır. Hücre zarları sertleşmiş, her şeye direnç kazanmıştır.

* Sadece unlu, şekerli yemedik diye zarın sertliğinden kurtulamayız. Hücre zarlarından elektron çalan tüm asitlendirici gıdalardan kaçınmamız gerekir.

İşte kaçınmamız gereken gıdalar: Hayvansal proteinler, özellikle bunların işlenmiş olanları, hazır soslar, şekerliler, asitli içecekler, alkol, kızartmalar, fruktoz şurubu içeren ürünler, diyabetik ürünler, tatlandırıcılar, yanmış yağlar, her türlü katkı maddesi, unlular, pastalar, börekler, makarnalar, geç yenen akşam yemekleri vs. vs.

Bu liste daha çok uzayabilir tabii ama şimdilik bunları bilmek bile hipoglisemiyle baş etmede faydalı olacaktır.

Sigara içmek, deviasyon yüzünden iyi nefes alamamak, uyku apnesi, elektromanyetik alanlar, negatif düşünceler ya da stresli yaşam gibi yiyecekle alakasız durumlar da insülin direnci yapar. Çünkü bunlar da vücudu asitlendiren dış etkenlerdir. Vücudu asitlendiren her şey önce insülin direnciyle kendini ele verir, sonra da bir bir diğer hastalıklar baş gösterir.

Demek ki, çok karbonhidrat içermeyen bir beslenme modelimiz olduğunda da, hatta hiç karbonhidrat yenmeyen protein diyetlerini yapsak bile çok karbonhidrat yemiş kadar insülin direncine sahip olabiliriz.

Yukarıdaki listede saydığımız her şey asitlendiren besinlerdir. Proton yüklüdürler. Bu protonların ilk hedefi de hücre zarıdır. Protonlara gereken elektronlar alkali besinlerle sağlanır:

Sebzeler, sebze suları, meyveler, kuruyemişler, balık, iyi yağlar, baharatlar, baklagiller, bol alkali su vücudumuza gereken elektronları verir.

123

Görüldüğü üzere hipoglisemi ve insülin direnciyle de alkali beslenerek savaşacağız.

Vücutta hücre zarlarını sertleştiren proton yüklü, asitli beslenme alışkanlığı azaltıldığında, az insülinle de hücre zarları çalışır hale gelecektir. 2. saat insülin değeri düşecektir.

Alkali beslenmeye başlamadan önce ve başladıktan 3 ay sonra aradaki farkı açlık ve 2. saat insülinlerini ölçtürerek görebilirsiniz. (Ama açlık ve tokluk testinde her seferinde aynı standart yemeği yemelisiniz.)

Giderek azalan açlık ve tokluk insülin değerleri gençleşmenin de göstergesi kabul edilebilir. Aynı yemeği yiyen 2 kişiden 2. saat insülini düşük olan biyolojik olarak daha genç demektir!

Yani alkali beslenerek hem gençleşip hem kolay kilo almaktan kurtulabiliriz.

Az yesek bile kolay kilo alma bahtsızlığına sebep olan sertleşmiş hücre zarlarını adam etmeye alkali beslenerek başlayacağız.

İnsülin direnci ve bel kalınlığı:

İnsülin direncinin varlığını öğle yemeğinden sonraki uyku hali ve tatlı krizinden anlayabileceğimiz gibi bel çevremizi ölçerek de tespit edebiliriz. Belki tartıda kilomuz fazla değil ama yine de belimizde fazlalıklar, simitleşme durumu olabiliyor. İnsülin direncini karşıdan bakan biri bile bel kalınlığından anlayabilir!

Bu arada, bir uyarı: Her insülin dediğimde glikoz gelmesin aklınıza. Unutmayalım ki et yesek de bel kalınlaşabilir. Aslında artık insülin direnci yerine hücre zarı direnci demeliyim. Çünkü hücrede, insülin dahil her şeye direnç var demektir bu.

Hücre zarı direnci olduğunda bel kalınlığı oluşmasındaki en büyük neden ise akşam yemeğidir.

İşte modern hayatın sorunu bu.

En büyük sağlık sorunumuz akşam yemeğidir!
Akşam yemeği yediğimiz için şişmanlıyoruz.
Akşam yemeği yediğimiz için hastalanıyoruz.
Akşam yemeği yediğimiz için sabah yorgun kalkıyoruz.
Akşam yemeği yediğimiz için göbeğimiz var, belimiz kalın.
Akşam yemeği yediğimiz için yaşlanıyoruz.

Şimdi size çok şaşıracağınız bir şey söyleyeceğim:

Canlı olarak "insan türü"nün akşam yemeği yememesi ve 16 saat aç kalması gerekir aslında!

"8 saat yemek ye, 16 saat aç kal!"

İdeali budur.

Sosyoekonomik sebeplerin izdüşümü olan modern hayatın sabah 9-akşam 18 çalışma modeli bunu imkânsız kılıyor. Akşam yemeği ihtiyaçtan çok sosyal bir olay haline dönüşmüş durumda. Bir ödül gibi. Oysa akşam yemeği denen şeyi tamamen ortadan kaldırabilsek, herkes bunu yapsa kimsenin bir daha doktor yüzü görmesine gerek kalmazdı.

8 saatte 2-3 öğün ye, 16 saat sistemi dinlendir.
Aslında çok kolay değil mi?

Gün içindeki besin seçimlerimiz yanlış olsa bile akşam yemeğini atladığımızda veya çok hafif tuttuğumuzda vücudun bunu toparlayabilmesi mümkündür.

Akşam yemeğinin giderek daha geç saatlerde yenmesi sağlık sorunlarını çığ gibi büyütüyor. Biz hekimler de neden hastalıklar artıyor diye kafamızı kaşıyoruz.

Bütün kötülüklerin anası geç yenen akşam yemeğidir!

Gece 23'te uyumaya programlıyız. Saat 23, melatoninin, yani uyku hormonunun salındığı saattir. Bu saat değişmez. Kaçta yattığımızın önemi yoktur. Alnımızın ortasındaki pineal bez (bazıları buna üçüncü göz de diyor) biyoritmimizi sağlar. Gece olduğunu biz camdan dışarı bakmasak da bilir. Beyinden saat 23'te melatonin ve daha sonra da bizi uykudayken tamir eden büyüme hormonu salınacaktır.

Zaten uyumanın amacı tamir olmaktır!

Her 24 saatlik günün 8 saatini uyuyarak geçirmemizin sebebi bu tamirat işleridir. Havasız, susuz, yemeksiz yaşayamayacağımız gibi uykusuz da yaşamıyoruz.

Uyku çok önemli. Mutlaka her gece metabolizmanın tamir moduna geçmesine gerekir. Uyku sağlık için bir zarurettir. Ancak şimdi konumuz uykunun önemi değildir. Biz belimizdeki simit ile akşam yemeği arasındaki ilişkiye dönelim.

Şunu sorguluyoruz:

Akşam yemeği yemenin uykuyla ve bel kalınlığı ile ne alakası var?

Melatoninin saat 23'te salınması için bu saatten 5 saat öncesinde vücutta enerji fazlası olmaması, varsa da bunun depolama işlemlerinin bitmesi istenir. Yani gece iyi melatonin ve büyüme hormonu salınabilmesi için bu saatten 5 saat öncesi olan saat 18'de kanda glikozun açlık değerine yakın olması gerekmektedir. Bu saatten sonra glikoz gelirse, insülinin bunu çok acilen depolaması, kan glikozunu bir an önce açlık değerine getirmesi şarttır. Çünkü aslında saat 18 gibi kanda glikoz oluşturup insüline iş çıkaran besinlerin tamamen temizlenmiş olması gerekir. Ağıza giren bir besinin yarattığı kan glikozunun temizlenmesi yaklaşık 2 saat sürdüğüne göre, aslında neredeyse saat 16'da yeme işleminin bitmesi gerekir. İşte ideal olan budur. Ama uygulaması çok pratik değil, kabul ediyorum!

Akşam yemeğini ortalama olarak 19'da yediğimizi varsayalım; 23'te salınacak melatonin ve sonrasındaki büyüme hormonu için bu saat tehlike arz eder. Bir an önce akşam yemeğinden gelen enerjinin ortadan kaldırılması için metabolizma harekete geçer. Glikozu görünce yine pankreas insülini salacaktır. İnsülin olduğu sürece de "lipoprotein lipaz" isimli, insülinden emir alan bir hormonla yağ depolanması yapılacaktır. Ancak akşam saatinde yağ depolama hormonu olan lipoprotein lipazın (LPL) insüline karşı duyarlılığı gündüzden daha fazladır. LPL gündüz de yağ depolanması yapar ama akşamki kadar acele etmez. LPL'nin insüline fazla hassaslığı, vücudun biyoritminin gece olduğunu bilmesindendir. Gece olduğunda LPL'nin yağ deposu olarak kullanacağı yerler kalçalar, basenler gibi uzak yerler değil, iç organların etrafındaki karın, bel gibi yakın yerlerdir. Amaç saat 23'ten önceki 5 saatlik zamanda gereksiz glikozdan kurtulup ortalığı uyku için temizlemektir. Bu sebepten gece yemekten gelen enerji çok daha hızlı depolanır. Akşam yemeğiyle gelen enerjinin hepsi metabolizma tarafından gereksiz enerji olarak görülür. Metabolizma bu enerjiyi, glikoz halinde tutup insüline direnç gösteren hücre zarlarından içeri sokmaya uğraşmaktansa yağ haline getirip yağ depolarına gönderir. Geceki yağ deposu da hemen karnın etrafındadır.

Özetle geç yenen akşam yemeği mevcut insülin direncinin şiddetine bağlı olarak, yani hücre zarının sertliğine bağlı olarak hızla bel etrafında depolanır.

Bel etrafındaki yağların kalçadaki yağlardan farkı vardır. Beldekiler daha "canlı"dır. Hormonlar ve enflamatuar maddeler üretebilirler. Yani bel yağları sessiz değildir ama sessiz enflamasyon sebebidir. Ortada enflamasyon varsa kronik bir hastalık da söz konusudur. Her enflamasyon olan yerde kronik hastalığın da söz konusu olması gibi.

Bel yağları kronik bir hastalık halidir.

Kalça yağları bizi *elma* yapar ve bu sadece bir şekil sorunudur, belimiz hâlâ incedir.

İnsülin direnci ve geç akşam yemeği bizi *armut* yapar ve bu, şekil probleminden fazlası, bir sağlık sorunudur.

Esasında bel bölgesi yağları katildir!

Bel bölgesindeki yağlar araşidonik asit, İL-6, TNF-alfa, CRP ve daha pek çok tuhaf isimli enflamatuar aracılar üretir. Tüm bu enflamatuarların olduğu yerde serbest radikal saldırıları, yani proton saldırıları da olacaktır.

Enflamasyon, otoimmün hastalıklarda olan harabiyet durumudur. Dolayısıyla bel yağlarından çıkan enflamatuar maddeler vücudun başka yerlerinde de enflamasyona sebep olur. Bel kalınlığı, otoimmün hastalıklara zemin hazırlar. Bu yüzden bel yağları katildir!

Hastalıkların hepsi iç veya dış sebeplerle oluşmuş proton hasarlarına bağlı enflamasyonla paralel gider. Enflamasyon yaşlanmayı hızlandırır. O yüzden ömrü uzatmak için enflamasyonu bloke edecek ilaçlar geliştirmek, *anti-aging* araştırmalarının çalışma konularından biridir. Enflamasyonun azaltılması ilaçlar yerine anti-enflamatuar beslenme ile de sağlanır.

Anti-enflamatuar beslenme alkali beslenmeyle aynı şeydir!

Alkali beslenme hem bel yağlarını hem bel yağlarının yaptığı enflamasyonu azaltır.

Alkali beslenmede yer alan omega-3 yağı, balıkyağı, balık, ketentohumu, zerdeçal, zeytinyağı, zencefil, yeşil çay, sarmısak ve tüm sebzeler güçlü anti-enflamatuar besinler olarak sıralanır.

Sebzelerin özellikle antioksidan ve anti-enflamatuar içerikleri renkleri koyulaştıkça artar. İngilizce isminin sonu *-berry* ile biten mor renkli besinler ilaç haline getirilmiş, antioksidan olarak her türlü hastalığa karşı ticari olarak satılmaktadır. *Cranberry, blueberry* gibi.

Alkali besinleri tüketmenin yanında insülini fazla yükseltmemek için yemeklerle tarçın, limon, elma sirkesi tüketilmesi önerilir.

Bunları da içeren hazır ticari vitamin preparatları da vardır.

Dediğimiz gibi bel yağlarının en önemli sebebi, akşam yemeği ve insülin direnci birlikteliğidir.

İşte tam da bu yüzden alkali diyet insülin direncini, hipoglisemiyi, bel yağlarını ve enflamasyonu azaltır!

Kan testlerinizden de mevcut enflamasyon durumunuzu biraz anlayabilirsiniz.
- CRP değerine
- İnsülin açlık değeri ve insülin 2. saat tokluk değerine
- Trigliserit açlık değerine ve
- Hemoglobin A1c değerine baktırabilirsiniz.
Bu testler sonucunda çıkan değer ne kadar düşükse o kadar iyidir. Bu değerlerin az olması yağların yaptığı enflamasyonun da az olduğunu gösterir.

İnsülin direncinin diğer etkileri:

Yukarıda bahsi geçen testlerden hemoglobin A1c'yi açlık kan şekerinin 120 günlük ortalama hali olarak biliyoruz. Kan şekeri takibinde kullanıyoruz.

Neden kanda glikoz artınca hemoglobin A1c de artıyor acaba?

Yemekten kana geçen glikozun 3 akıbetini hatırlayalım:

* Bir kısmı hücrelere gitti, enerji olarak kullanıldı.
* Bir kısmı glikojen deposuna gitti, karaciğerde ve kasta birikti.
* Gerisi de yağ deposuna gitti, trigliserit olarak depolandı.

Glikozu kandan uzaklaştırma yolları arasında son seçeneğin adı **glikasyon**dur.

Glikasyon, glikozun vücut proteinleriyle çapraz bağ yapmasıdır. Şekerin proteine yapışmasıdır.

Dış görünüşümüzün yaşlanmasının en büyük sebebi de işte bu glikasyondur.

Kan testlerinde HbA1c olarak gördüğümüz testin normali 6'ya kadar olarak belirtilir. Bu yine normal olan ama ideal olmayan bir değerdir. Diyabet şikâyeti olmayanlar, HbA1c değerlerinin, mesela 5,1 olması ile 5,5 olması arasında bir fark olmadığını düşünür ve umursamazlar. Oysa bu farklar önemlidir.

Hemoglobin A1c tabirindeki hemoglobin, eritrositlerdeki bir proteindir. Bu proteinin kandaki glikoz ile yaptığı çapraz bağlanmanın sonucunda da hemoglobin A1c oluşur. Bu ölçülerek kandaki glikozun 3 aylık ortalama yüksekliği hesaplanmaya çalışılır. Çünkü 3 ay eritrositlerin ortalama yaşam süresidir. Bu 3 ay boyunca kandaki glikoz sürekli gidip eritrosit proteinlerine yapışır.

Aslında şeker vücuttaki tüm proteinlere yapışır. Eritrosit dışında vücuttaki tüm proteinler de bu yapışma halinden nasibini alır.

Kan şekeri yüksek kaldıkça en çok cildimiz, eklemlerimiz ve damarlarımızın içindeki proteinler şeker yapışmasından etkilenir. Çünkü şeker en çok kolajene yapışmayı sever. Bu yapıların da ana proteini kolajendir.

Protein-şeker çapraz bağlanması "geridönüşümsüz" bir olaydır. Zaten asıl problemi yaratan da bu geridönüşümsüz olma halidir.

Glikoz veya fruktoz şekerleri, kolajenin ucundaki -lizin isimli aminoaside yapışmayı sever. Oraya öyle sert yapışır ki kolajenin esnekliği bozulur. Oysa kolajen esnek ama sıkı olmalıdır. Damarlarda, eklemlerde, ciltte olduğu gibi. Yapışan şeker yüzünden kolajen gevşer ve sarkar.

129

Kolajenimizin şekerden gördüğü zararı anlamak için, elimizin üzerindeki deriye bir çimdik atalım. Sağlıklı bir kolajenimiz varsa bu çimdiklenmenin oluşturduğu deri pilisi hemen düzelir.

Pilinin düzelmesi;

0-1 saniye sürüyorsa 20-30'lu yaşlarda,

2-5 saniye sürüyorsa 40-50'li yaşlarda,

10-55 saniye arasında süren cilt düzelmesi ise 60-70'li yaşlarda olduğumuzu gösterir. Takvim yaşımız ne olursa olsun bunlar biyolojik yaşımızdır. Acıklı değil mi?

Dahası var. Okuyalım:

* Cilt sarkması, kırışıklıklar şeker hasarı ile yakından ilgilidir. Cildimizin sarkmasının yüzde 40 sebebi şekerin cilt kolajenine verdiği zarardandır.

* Selülitlerin de asıl sebebi şekerdir.

* Damarların çeperi de kolajenden yapılıdır. Diyabet hastalarında damar sertliği bu yüzden çok görülür.

* Glikasyon, gözde de hasar oluşturur. 40 yaş civarında rutin

olarak algıladığımız görme problemlerinden ileri derecede katarakta varan sorunların da sebebi kanda uzun süre yüksek kalan şekerlerin gözdeki yapısal proteinlerle yaptığı çapraz bağlanmadır.

* Hemoroit, varis gibi şikâyetler, sıkılığını kaybetmiş toplardamarların gevşeyip cepleşmesi ile oluşur.

Alkali beslenerek genç kalabileceğimizi söylemekte haklıyım, değil mi?

Asitli beslendikçe vücutta hep bir yumurta-tavuk döngüsü olur. Asitlenme yüzünden hücre zarı sertliği oldukça insülin direnci gelişecek, kandaki uzun süre yüksek kalan glikoz da glikasyona sebep olacak, gidip proteinlere yapışacaktır.

Glikasyonun hedeflerinden biri de yine zavallı hücre zarlarıdır. Glikasyon hücre zarını da etkileyip zaten insüline dirençli olan sert hücre zarını daha da sertleştirir ve kısırdöngü büyür. Glikasyon şekerin proteine yapışması anlamına geldiği için, vücutta ne kadar protein varsa hepsi şeker için hedeftir. Hücre zarında doymamış yağlar bol miktarda olduğu halde zarın yapısında biraz kolesterol ve biraz protein de vardır. Buradaki proteinler de glikasyondan zarar görürler. Glikasyon esnekliği azalttığı için hücre zarları daha da sertleşir.

Glikasyon ilerledikçe toksik glikasyon son ürünleri oluşur. Bunlara AGE denir. Bunlar da bir tür protondur. Bildiğimiz gibi hücre zarında veya vücudun başka bir yerinde asit-proton hasarı oluşması yaşlanma hızını artırır. Bu yüzden AGE'lerin içinde olmadığı yaşlanma hastalığı yoktur denebilir. Toksik son ürünler olan AGE'ler en başta diyabete bağlı hasarlar olmak üzere tüm hastalıklarda mevcuttur. Vücutta olan basit kahverengi lekelerden Alzheimer'a kadar çoğu yaşlılık hastalığı AGE birikimi ile ilgilidir. Damar sertliği, ateroskleroz, katarakt, bunama, hatta kanser hastalarında AGE'ler yüksektir.

Mesela diyabetli kişilerde eklem rahatsızlıkları daha yaygındır. Eklem kıkırdakları da kolajendir ve glikozla çapraz bağlanarak sertleşirler, böylece eklem esnekliği azalır, ağrı olur.

AGE'lerin çokluğunu en basit haliyle kırışıklıklarımızdan anlıyoruz ama her organ bundan etkileniyor ve yıllar geçtikçe yaşlanma hastalığı olan pek çok rahatsızlık AGE'lerle alakalı olarak ortaya çıkıyor. Bir kez glikasyona uğrayan, yani glikoz ile çapraz bağ yapan proteinler tekrar esnek hallerine dönüştürülemiyor. Zaten bu glikasyonun geri dönüştürülmesi mümkün olsaydı diyabete bağlı hiçbir hastalık olmadığı gibi kırışıp yaşlanmazdık da. Bu amaçla ilaç firmaları araştırmalara ne paralar döküyor bilemezsiniz.

Şu an için aminoguanidin, karnosin, alfa lipoik asit, asetil l-karnitin gibi birtakım glikasyon yavaşlatıcılar var ama yetersiz. Karnosin bunların arasında en güçlüsü.

Glikasyonu en iyi, beslenme şekliyle yavaşlatabiliriz. Ama olmuş olanı geri döndürmek şu an için imkânsız.

Demek ki en doğrusu en baştan;
* Glikasyona sebep olacak kan şekeri yüksekliğinden,
* Kan şekeri yüksekliğine sebep olacak insülin direncinden,
* İnsülin direncine sebep olacak hücre zarı sertliğinden,
* Hücre zarı sertliğine sebep olacak vücuttaki asit-proton yükünden,
* Asit-proton yükü yapan, asitlendiren her tür gıdadan kaçınmak gerekir.

131

Meraklısına

AGE oluşumunda fruktoz glikozdan daha saldırgandır. Fruktoz, glikozdan 10 kat fazla glikasyon yapar. Glikozdan 10 kat fazla cilt yaşlandırır. Selülitin de sebebidir.

Ancak şu yanlış anlaşılma düzeltilmelidir:

Fruktozun meyve şekerinin de adı olması meyveyi kötü besin grubuna koymaz. Meyveler özellikle gündüz saatlerinde çiğ olarak kabuklarıyla yendiğinde aksine anti-AGE'dirler.

Burada zararlı olan fruktoz şekli HCSF denen mısır şurubundan elde edilen fruktoz şekeridir. Maalesef HCSF'nin içinde olmadığı neredeyse hiçbir hazır gıda yoktur. Tatlılardan turşuya kadar her şeyde HCSF vardır.

Asitlendiren besinlerin hemen hepsi de aynı zamanda HCSF içerir. Çünkü çoğu hazır market gıdalarıdır.

Aslında HCSF modern yiyecek sanayinin bize attığı en büyük goldür!

AGE'ler proton yüküdür. AGE'ler yaşlandırır. Genç kalmanın sırrı anti-AGE, anti-AGEing, yani alkali beslenmedir! Alkali beslenen bir kişi yaşını göstermez çünkü AGE'siz bir cilt daha sıkı, parlak ve gergin olacaktır.

AGE'lerinizi en kolay biçimde takip etmek için de hemoglobin A1c testinizi normal aralıklarla da olsa yaptırın. 3 ay boyunca alkali diyeti yaptığınızda hemoglobin A1c testiniz önceki değerinden daha aşağı düşüyorsa, cildinizin kolajeni daha az glikasyona uğruyor, daha az sarkıyor, daha uzun süre genç kalıyorsunuz demektir. Biraz alkali beslenmeye başladığınızda kronolojik olarak 3 ayı sadece 1 aylık yaşlanmayla atlatabilirsiniz. Sonuçta ne demişler, kronoloji mühim değil, mühim olan biyoloji!

Vücudun içinde şeker kaynaklı AGE oluşması dışında, dışarıdan da besinlerle AGE'ler alınabilir. Şeker ve protein içeren herhangi bir gıdanın yüksek ısıda pişirilmiş hali AGE doludur. Bu durumun mutfaktaki adı karamelizasyondur. Karamelizasyon olayında da şeker ve proteinler yüksek ısı altında birbirlerine yapışırlar ve AGE'ler oluştururlar. Mesela gayet sağlıklı olan patates, patates kızartması olduğunda artık sağlıklı değil, öldürücü bir AGE deposudur. Tüm yüksek ısıda pişirilmiş gıdalar AGE deposudur. Patates ve hamburger ikilisi dışında jelibondan kurabiyeye, cipsten böreğe kadar yüksek ısıda pişmiş, kızartılmış, işlenmiş besinler AGE'lerle doludur. Esasında marketler ve *fast food* restoranları gıda değil AGE satarlar!

Görüldüğü üzere asitlendiren besinlerin proton deposu olmalarının bir sebebi de içlerindeki AGE'lerdir. Bu tip besinler tüketildiğinde başta cilt yaşlanması olmak üzere bütün vücudun yaşlanma hızı artar, adı üstünde AGE = yaştır!

Alkali diyetle diyoruz ki:
AGE'lenmeyelim, yaşlanmayalım!

AGE'ler yaşlandırır, yaşlandıkça AGE'ler daha da artar. En ileri safhadaki yaşlılık hastalığı olan Alzheimer'daki AGE'ler *lipofuscin* denen plaklar şeklinde beyinde birikir. İster kandaki şekerden gelen AGE'lerden, isterse dışarıdan, işlenmiş ürün kılığında gelen AGE'lerden olsun beyindeki nöronların hücre zarları bunlardan zarar görür.

Kan glikozunun düşüklüğü de, yüksekliği de beyin hücrelerine zarar verir. Glikoz kanda yüksek kaldıkça beyine giden kanda da yüksektir. Vücutta olan hasarlar beyinde de olur. Beyinde de glikasyon oluşur. Bana soracak olursanız, Alzheimer da bir tür beyin diyabetidir!

Glikoz yerine kısa ve orta zincirli yağların enerji kaynağı olarak kullanılması ile yaşlanmaya bağlı beyin hastalıklarında tedavi seçenekleri aranmaktadır. Orta ve kısa zincirli yağlar beyin için iyi enerji kaynaklarıdır. Bence de bunlar glikozdan daha iyi enerji kaynaklarıdır. Beynin enerji için sadece glikoza ihtiyaç duyduğunu söylemek gerçeğin tamamını yansıtmaz. Hele de sözde modern beslenme modelimizdeki glikoz kelimesi neredeyse toksinle aynı şey olduktan sonra.

Burada orta ve kısa zincirli yağların beyin sağlığına iyi geldiğini söylerken (hindistancevizi yağı), elbette ki omega-3 (balık, ketentohumu, badem, ceviz vb.) yağının tüm hücreler için olduğu gibi beyin hücreleri için de gerekli olduğunu hatırlatalım.

Pek çok hastalık omega-3 gibi iyi yağların az alınmasıyla beraber gelişir. Kitabın başından beri önemini anlattığımız, hücre zarlarının doymamış yağlı yapısını oluşturan zaten omega-3 türevi yağlardır.

Beslenmede iyi yağlar şarttır! Ama bir de kötü yağlar var.

9. bölüm

Asitlendiren besinler
Kötü yağlar

**Kötü yağlar: Hem dışarıdan alınanlar,
hem kilo verirken enerji için yakılanlar:**
Son 10 yılda pek çok insan anladı ki kilo verme işinde bir yerde yanlış yapıyor. Yağları çok azalttığı halde (ki en yüksek kalori yağda denir hep!?) kilo veremiyor. *Low-fat*, yani yağsız ürünler tüketiyor ama yemediği yağa rağmen vücudunda yağ birikiyor.
İyi de yiyeceklerle yağ almadan bu yağ nereden geliyor?
Nereden geliyor ben anlatayım size: **135**
Yiyecek-kan şekeri-insülin-yağ dörtlüsü arasındaki ilişki çok sıkıdır. İnsülin kan şekerini düşürmekle uğraşırken, bir yandan da bu görevini baltalamaması için yağı enerji için kullanılmaktan alıkoyar ve depolanmaya gönderir. Hayvansal uzun zincirli doymuş yağları öncelikle depolar. Ancak tereyağı kısa zincirlidir, bu yüzden depolanmak yerine enerji için harcanır, hindistancevizi yağı da doymuş yağdır ancak orta zincirlidir ve enerji için kullanılır. Yağların zincir uzunlukları kısa ise daha kolay enerjiye çevrilir, daha az depolanırlar. Öncelikli olarak yağ hücrelerine depolanan uzun zincirli doymuş yağlardır. İnsülin varken bu yağlar depolanır. İşin fenası normal hücrelerde zamanla insülin direnci oluşurken yağ hücrelerinde insüline direnç gelişmez. Çünkü yağ hücrelerinin zarlarında insülin için daha fazla reseptör vardır. Biri çalışmazsa diğeri çalışır. Bu yüzden yağ hücreleri insülinin istediğini her zaman yaparlar. Hipoglisemi atağı sırasında bile insülin yağ hücrelerinin yağ depolama arzusunu kamçılar. Hipoglisemi yüzünden midemiz kazınsa, kan şekerimiz yerlerde sürünse bile yağ depolama faaliyeti her şeye rağmen sürer! Üstelik bu yağı yakmamak için vücut çok direnir.

Vücuttaki yağların enerji için yakılmasını sadece insülin değil, vücudun kendisi de kolay kolay istemez! **Çünkü aslında yemekle gelen doymuş hayvansal yağlar ve vücutta depolanan yağlar aynı derecede kötüdür. Düşünün, aslında kalçalarımızdaki yağlar hayvanların butlarındaki yağlarla aynıdır. İkisi de uzun zincirli doymuş yağlardır. Hayvansal yağın enerji için kullanımı nasıl zararlı ise, kilo verme çabamızda basenlerimizdeki yağı eritmemizin sonucunda da benzer bir zarar vardır. Bu zarar her iki durumda da asitlenmedir. Hayvansal doymuş yağları yememek gerektiğini bin kere duyduysanız şimdi şunu bilin ki, yağlarınızı eritirken de zarar görebilirsiniz. Bu zarar asitlenmedir. Kilo verirken asitlenmeden kurtulmak için mutlaka alkali beslenmelisiniz.**

Bu asitlenme şöyle olur:

Yağın enerji için yakımının adı beta oksidasyondur. Yani yağ yakmak bizi okside eder, asitlendirir. Çünkü yağları depoluyor olduğumuz yerde yağla beraber asidi oluşturan H (+) protonlarını da depolarız.

Yağ depolama işleminde serbest yağ asitlerini trigliserit hale getirmek için birlikte kullanılan NADPH maddesinin içindeki H (+), yağların içine konan protonun taşıyıcısıdır. Bu şekilde yağ depolanması esnasında ortamdaki proton, yani H (+) yükü de azaltılır. Proton deposu olması yağın enerji için yakılmasına kısmen engel olur. Çünkü yağı yakmak, içindeki protonları açığa çıkarır. Oysa yağlar depolanırken içlerine proton koyulması, vücuttan asit uzaklaştırmak için iyi bir yöntemdir. Çünkü vücut her fırsatta protonlardan, asitlerden kurtulmak ister. Amacı proton yükünü azaltmak olduğu için elbette ki kurtulduğu bu H (+)'ları geri istemez. Bu durum da yağların yakılmasını zorlaştırır.

Yani sadece insülin direnci yağ depolamaya sebep olmaz. Çünkü vücutta başka asitlendirici sebeplerden proton yükü fazlaysa yine yağ yakmak zorlaşır. Bünye yağdan kilo vermemek için direnir. Vücudun alkali olması ise bu inatçı yağların yakımını kolaylaştırır.

Demek ki kilo verirken yağ yakımını engelleyen, yağlarda depolanmış asitlerdir. Bu asitlenme yüzünden iyice sertleşmiş hücre zarı kanda insülini daha da yükseltir.

Kısırdöngü olarak insülin de sürekli yağı yakma yerine depolama yönünde emir verir.

Kandaki yüksek insülin iki durumda azalır:

1- Açlık halinde

2- Karbonhidrat yenmediği zaman

Hayvansal proteinleri tüketerek yapılan diyetler 2. maddedeki avantajı kullanmaya çalışırlar. Hiç karbonhidrat yenmediğinde ortada hiç insülin olmaz. Ortada hiç insülinin olmadığı durumda ise şu meydana gelir: Yağ depolarındaki yağlar artık enerji için yakılabilir. Ama yağlar eridikçe de vücut asitlenir. O yüzden yağ yakmak şu şekilde alkali rezervi azaltır:

Açlıkta insülin azalınca ilkönce karaciğerin yardımıyla yağların yakımından *beta hidroksibütirat, asetoasetat* ve *aseton* isimli ürünler oluşur. Bunlara keton cisimleri denir. Bunlar kuvvetli asitlerdir. Protein diyetlerinde ve uzun süreli açlıkta nefesin kokmasının sebebi, bu keton cisimlerinden gaz halinde akciğerden atılmaya çalışılan asetonun kokusudur.

Diğerleri böbrekten bikarbonatla tamponlanarak atılırlar. Bikarbonat harcattıkları için vücudun alkali rezervlerinin azalmasına sebep olurlar. İnsülin yokluğu durumunda, yağların yakılması ile oluşan keton cisimlerinin kanda yükselmesi ketoasidoz koması denen ölümcül bir duruma sebep olabilir. Vücut bunun olmasına izin vermemek için yüksek oranda alkali rezervlerinden bikarbonatını kullanarak bunları nötralize eder.

Yağların hücrelerde yakılmasına beta oksidasyon denir. Yüksek miktarda oksijen harcanan bir işlemdir bu. Yağlar hücrenin mitokondri denen bölümünde yakıldığı için hücre zarından içeri girip mitokondriye taşınmalıdır. Karnitin denen bir madde yağları yakılacakları yere taşır. Mitokondrinin membranında yağ yakılması, içlerine daha önceden konulan H (+) protonlarının açığa çıkmasına sebep olur. Ortam protonlanır. Yağ yakımı sonucu ortaya çıkacak H (+) protonları nötralize etmek için de hücre içindeki alkali bikarbonat tamponları yağ yakımı sırasında hazır bulundurulur.

Yani yağ yakımı hem böbrekteki bikarbonat tamponlarını hem de hücrelerdeki bikarbonat depolarını azaltır. Ayrıca yağ yakma işlemi sırasında vücut karbonhidrat yakarken harcadığından daha fazla oksijeni boşa harcar. Oysa alkali olmak için oksijen şarttır.

Ne yemeklerle alınan hayvansal doymuş yağı, ne de aç kalınca vücut depolarındaki yağı yakmak en sağlıklı vücutta bile ilk seçenek olarak istenir. Karbonhidratlar tercih edilir. Yağ yakma yüksek enerji üretmesine rağmen bu işlemin bedelleri de vardır. Su kaybı, oksijen kaybı, bikarbonat kaybı, fazla karbondioksit oluşması ve fazla proton oluşması gibi. Özetle yağ yakmak vücutta asitlenmenin artmasına sebep olur. Yani zayıflar, kilo verirken bir yandan da asitleniriz. Bu asitleri atmak için bol alkali su içmek ve alkali besinlerle diyet yapmak gerekir. Zaten alkali destek yeterli olmazsa "akıllı vücudumuz" o yağları eritip içlerindeki asitleri çıkarmak istemeyecektir. Bütün diyetlerde bu asitleri atmak ve yağ yakımını kolaylaştırmak için bol su içilmesi bu yüzden önerilir.

Gördüğümüz gibi aslında
yağ depolama da
zaten bir tür korunma mekanizmasıdır. Vücuttaki proton yükünü ve fazla enerjiyi depolamaya yarar.

Yağ depolamadan ve kilodan bahsedince pakette beraber gelen diğer durumlardan da bahsetmek gerekir. Bu paket, asitlenmeye bağlı oluşan hastalıklardan biri olan metabolik sendrom veya sendrom X'tir.

Metabolik sendrom paketinde şunlar vardır:
* Düşük HDL kolesterol
* Yüksek LDL kolesterol
* Yüksek trigliserit
* Yüksek tansiyon
* Belde yağlanma
* Ürik asit artışı
* İnsülin direnci

Metabolik sendrom "CHAOS" olarak da kısaltılır ki bu kısaltmadaki harfler şunları anlatır:

C- Koroner kalp-damar hastalığı
H- Hipertansiyon
A- Erişkin diyabeti, yani diyabet tip II
O- Obezite
S– *Stroke*, yani inme

Bu *chaos*'u, yani Türkçesiyle kaosu yaratan tüm hastalıkların başlangıç noktası da asitlenmeye bağlı hücre zarı sertliğidir. Hücre zarı sertliğinin, insülin direncine, kilo almaya ve diyabete nasıl yol açtığını anlattık.

Damardaki hücre zarlarının sertleştiğini düşündüğümüzde, "damarların sertliği" ile atbaşı giden hipertansiyonun nasıl kolayca oluştuğunu da anlayabiliyoruz. İnme ise yüksek tansiyonun sebep olduğu bir beyin hasarıdır.

Tansiyon problemleri dediğimizde malum kolesterol konusu da gündeme geliyor.

Kolesterol meselesi nasıl aydınlanacak?

Hadi gelin protein diyetleriyle, zararlı mı, yoksa değil mi tartışmalarıyla epey bir gündem oluşturan kolestrol konusundaki kafa karışıklığını yavaş yavaş giderelim:

* Kolesterol gereklidir.
* Kolesterolden tüm steroid hormonlar, erkeklik, kadınlık hormonları, mutluluk hormonu ve pek çok başka hammadde yapılır.
* Hücre zarlarının içerisinde, doymamış yağların yanında kolesterol de vardır. Zarın sağlamlığını ve geçirgenliğini sağlar.
* Beyin hücrelerinin zarlarının yüzde 50'si yağdır ve bu yağların bir kısmı kolesteroldür.

Beslenme ve kolesterol ilişkisi:
* Kanda kolesterolün artması direkt beslenme ile gelen kolesterolden kaynaklanmaz. Bu ilişki dolaylı bir ilişkidir.

* Kolesterolü artırdığı için en çok suçlanan hayvansal gıdalar, zaten vücudu yüksek miktarda asitlendiren besinlerdir.
* Ayrıca hayvansal gıdalarla beslenen kişiler çoğunlukla bu gıdaları istenmeyen pişirme biçimleriyle hazırlayarak tüketirler. Kızartma, kömürde ızgara gibi. Bu, asitlenmeyi daha da artırır.
* Bu ürünlerin içindeki katkı maddeleri proton ve AGE doludur. Bu gıdalar neredeyse hiç elektron içermezler.
* Hayvansal gıdaların içindeki yağlar doymuş yağlardır. Doymuş olmaları sebebiyle, balıktaki doymamış omega-3 yağı gibi proton tutamazlar.
* Bu tip besinleri tercih edenler çoğunlukla sebze sevmezler. Bu besinlerin proton yükünü tamponlayabilecek elektron dolu çiğ sebzeleri yeteri kadar yemezler.

Yani anlayacağınız içinde kolesterol olduğu söylenen her gıda kolesterolden öte;
* Doymuş yağlar
* AGE'ler
* Protonlar barındırmaları
* Sindirim sonrası vücutta yüksek asit üretmeleri [araşidonik asit, amonyak, H (+)] sebebiyle zararlıdır.

Hayvansal gıda tüketmede soruna yol açan asıl olay asitlenmedir, kolesterol değildir.

Hayvansal gıdalar tüketildiğinde bunların vücutta yaptığı proton yükü vücudun antioksidan sistemleri ve alkali rezervleri ile temizlenmeye çalışılır. Kandaki bikarbonat, fosfat, hemoglobin tamponu, kemikten gelen kalsiyum karbonat tamponu devrededir. Karaciğer, böbrek, idrar, dışkı ve ter hepsi asit atılımı için çalışır. Ancak bu tip asitli beslenme fazla olduğunda vücuttaki alkali tamponlama gücünün yetmediği durumlar olur. Bu durumda da proton yükü etrafa saldırabilecek vakit bulur. Protonlar saniyenin binde biri gibi sürelerde kendilerine elektron arayan serbest radikallerdir. En kolay da en yakınlarındaki damarların içini çevreleyen hücre zarından elektron çalarlar.

Bakın işte yine hücre zarına geldik! Kolesterol konusu da zar sertleşmesi ile ilgilidir.

Kandaki protonu azaltmak için tamponlar yetmediği anda, damarların çeperindeki hücreler, zarlarındaki elektronlarını kaybederler. Kandaki proton yükü damar cidarı hücrelerinin doymamış yağ yapılı zarlarından elektron çalar. Böylece kanın içindeki proton yükü azaltılır, kanın pH'ı sabit tutulur.

Damar hücreleri bu şekilde elektron kaybetmesin diye kandaki proton yükünü temizlemek için LDL kolesterol de kullanılır. Kandaki LDL artarak, kendisini oksitlendirmek üzere damar cidarına gelir. Damar hücrelerinin zarlarını korumak ister. Burada hücre zarları yerine kendi okside olan LDL, elektron kaybetmiş, protonlanmıştır. Yani normalde LDL kolesterol elektron verebilen antioksidan bir maddedir. LDL kolesterol iyidir, en azından iyi niyetlidir, kötü kolesterol değildir.

Zaten artık kolesterolden değil, oksitlenmiş kolesterolden bahsedilir. Damardaki plaklar oksitlenmiş, yani paslanmış kolesterol içerir. Oradaki kolesterolün kaynağı, damarı korumak isteyen oksitlenmiş LDL kolesteroldür.

İlerleyen yıllar içerisinde sertleşmiş hücre zarlarının tamir edilme çabası damarda kronik bir enflamasyon oluşturur. Bir yerde hasar varsa enflamasyonla tamir edilmelidir. Ancak, tamir bittiği anda enflamasyon durdurulmalıdır. Ama protonlu beslenme devam ettikçe LDL kolesterolün çabalarına rağmen hasar devam eder, dolayısıyla damarda enflamasyon da devam eder.

Bu "sessiz enflamasyon" kalp-damar hastalığını tespit etmekte pek çok başka ölçümden daha kıymetlidir. Bu yüzden hassas CRP testi kalp hastalıklarıyla ilişkilidir.

Yıllar boyunca asitli beslenmeyle daha da artan proton yüküne damar cidarında kalsiyum karbonatla tamponlama yapılması plak dediğimiz oluşumları meydana getirir. Vücut proton yükünü azaltmak için kalsiyumu ve bikarbonatı tampon olarak kullanıp kendi damar cidarını kireçlendirir. Kalsiyumun asit tamponu olarak kullanılması sayesinde kanda dolaşan sıvı asitleri katı hale sokar. Çünkü asitler katı haldeyken daha zararsızdır.

Kalsiyumla asitlerin katı hale getirildiği her yerde kireçlenme olur. Veya tersi de doğrudur: Kireçlenme olan her yerde daha önce bir asitlenme söz konusudur.

Buradaki tüm amaç, kandaki asitlenmeyi azaltmak, sıvı protonları katı hale getirip zararsızlaştırmaktır.

LDL kolesterol doymamış yapılı bir yağ gibidir. Elektron verebilmek için damar hattında dolaşır. Artması, beslenmedeki proton yüküyle alakalıdır. Hiç kolesterol içermeyen bir beslenmede de kanda kolesterol yüksek olabilir. Mesela sadece karbonhidrat tüketmek de damarlarda sertlik ve plak yapar. Diyabette bu olur.

Bana sorarsanız artık konunun kolesterolden uzaklaştırılmasının vakti gelmiştir. Çünkü temel mesele asitlenmedir!

> * Hayvansal gıdalar asitlendirir.
> * Basit karbonhidratlar asitlendirir.
> * İşlenmiş hazır gıdalar asitlendirir; ki bunların çoğu yine ya hayvansal gıdadır veya karbonhidrat ya da kötü yağlı gıdalardır.
> * Aşırı spor yapanlarda (maraton koşucuları, ağır body building yapanlar gibi) damar sertliği görülebilir. Çünkü aşırı spor vücudu asitlendirir.
> * Aşırı stres vücutta proton yükünü artıran kortizol yüksekliğine sebep olur. Stres asitlendirir.

142

Tüm bu asitlenme sebepleri de LDL'yi yükseltir.

Meraklısına

Fazla elektromanyetik alana maruz kalmanın da damar sağlığına ve tüm sağlığa zarar verdiğine dair çalışmaların sonuçlarının yakın zamanlarda açıklanacağını düşünüyorum. Hatta geleceğin tıbbında tedaviler sadece hücrelerin elektromanyetik alanlarını düzenlemekle yapılacak diyebilirim.

Elektronik cihazlar, her yerdeki verici istasyonları vs. etrafımızda pozitif (+) bir elektromanyetik alan yaratır. Buradaki (+) iyi anlamda bir pozitif değildir. Bizim vücudumuzda o çok kıymetli hücre zarlarımızda negatif bir EMF (*electromagnetic field*), yani elektromanyetik alan vardır ve negatif kalmalıdır. Bu geleceğin tıbbını belirleyecek bir konudur. Gelecekte tıp EMF'ler üzerinden olacaktır. Ve eletromanyetik alan dediğimiz şey de hücre membranlarındaki elektron-proton oranlarından başka bir şey değildir. Dışarıdaki pozitif (+) EMF de dolaylı yoldan hücrede proton (+) yükü yapar. Hücrenin dinlenme halinde olması elektrik voltajını değiştirir. Elektrik voltajı değişince hücrenin elektromanyetik alanı da değişir. (Elektriğin olduğu her yerde bir elektromanyetik alandan söz edilir.) Elektromanyetik alanlar da bu şekilde asitlendirir.

Geleceğin tıbbı, EMF'lerimizi düzelten enerji tıbbıdır.

Görüldüğü üzere kolesterol konusu kolesterolden daha büyük bir konudur aslında. LDL'nin oksitlenmesi öyle veya böyle gelen proton yüküyle ilgilidir. Damar sağlığını korumak için önerilen balık, ceviz, badem gibi yiyeceklerdeki omega-3 yağı protona doymamıştır. Oksitlenebilir, yani elektron verebilir. Bu yüzden de kalp sağlığı ve omega-3 birbiri ile alakalı tutulur. Bu sebepten et tüketimi damar sağlığına zararlı, balık tüketimi faydalıdır.

Omega-3'ün aynı zamanda anti-enflamatuar olduğunu da hatırlayalım. Hem damardaki protonlara kendinden elektron vererek damar hücre zarlarının oksitlenmesini, hem de damar cidarında daha önceden oksitlenmiş hücre zarlarının yarattığı enflamasyonu azaltır.

Sonuçta kolesterol sorunu özel genetik sebepler olmadıkça asitli beslenmenin damarlardaki hücre zarlarını sertleştirmesinin adıdır.

Burada da damar hücre zarından elektron çalınması her şeyin başıdır.

* Sertleşen hücre zarı insüline duyarsızlaştığında bu durumun adı **insülin direnci** olur.
* Sertleşen hücre zarı damarda olduğunda adı **ateroskleroz, hipertansiyon, kolesterol yüksekliği hastalığı** olur.
* Sertleşen hücre zarı beyinde olduğunda hastalığın adı **inme, Alzheimer, bunama, depresyon, unutkanlık** olur.
* Sertleşen hücre zarı kolajende olduğunda **kırışıklık, eklem hastalığı, göz hastalığı, selülit, varis** olur.

* Sertleşen hücre zarı bağışıklık hücrelerinde olduğunda **zayıf-lamış immün sistem, otoimmün hastalıklar, alerjiler, tümöral hastalıklar** olur.

Bu liste vücuttaki her tür hücre grubu için uzatılabilecek bir listedir. Konu başlığımız olan damar sağlığı için hücre zarını sertlikten korumak amacıyla yüksek oranda iyi yağ tüketmek gerekir. Kilo verme çabalarında endişe duyulduğu üzere, bu yağların kalorilerinin çok olmasının bir önemi yoktur. Hücre zarı zaten sertleşmiş ise bu besinleri almazsak daha da sertleşeceğinden, insülin direnci artacak, az kalori alsak bile vücut yağ depolayacaktır. Yağlanmayı azaltmak için bu iyi yağları almak zorundayız!

Son 20 yıldır gündemde olan düşük yağlı diyetlerin bizde yarattığı en büyük sorun, yemediğimiz bu *iyi yağlar* yerine hücre zarlarımızdaki yağlarının oksitlenmesidir. Çünkü diyet amacıyla yağın hayvansal olanı yanında bitkisel olanı da kısıtlandı. Yağsız ürünlerin doymayı zorlaştırması sebebiyle bu düşük yağlı ürünlerden daha çok miktarda yendi. Tatları kötü olmasın diye yağı azaltıldıkça bunlara tat verici aromalar ve şekerler eklendi. Bu şekilde yiyeceklerin proton yükleri artırıldı. İşlendikçe elektron içerikleri azaltıldı. Oysa kitabımızın en başından beri söylediğim, hep akılda tutulması gereken tek bir ilke var: Beslenmede bize her şeyden önce elektron gereklidir!

Elektron vermekte çiğ sebzeler her şeyden üstündür. Çiğ sebze yemek kolesterolü de düşürür, plakları da geriletir, hipertansiyonu da düzeltir. Vücutta hücre zarları yerine elektron verecek antioksidan çiğ sebzeler yoksa ne kadar "sağlıklı" beslenirsek beslenelim, vücut asitlenmeye bağlı olan, bu kitap boyunca saydığımız tüm hastalıklardan zarar görecektir.

İyi yağlar da elektron vericisidir, bu yüzden iyi yağlar bize gereklidir ve mümkünse bitki halindeyken yenmelidir. Mesela zeytinyağı ne kadar iyi bir yağ olsa da bana göre zeytin daha iyi ve önemi atlanmış bir besindir.

Zeytinyağı, balıkyağı, ketentohumu, ceviz, badem ve avokado yağı gibi ürünlerin iyiliği onların elektron verebilen yapıda olmalarından gelir. En çok elektron veren de omega-3 türevi yağlardır.

Sonuçta;

İyi yağsızlık şişmanlatır.

İyi yağsızlık karaciğeri yağlandırır.

İyi yağsızlık depresyon yapar.

İyi yağsızlık damarlarda plaklara neden olur.

Ya polemiklere sebep olan kolesterol ilaçları?

Gelelim son yıllarda çok konuşulan kolesterol ilaçları faydalı mı zararlı mı tartışmasına. Bu tartışmada benim yorumum şu: Halihazırda damarda plak oluşmuşsa o plaklar yerinden kopup kalp krizine sebep olabilir ki bu da ani ölümle sonuçlanabilir. Aynı zamanda bu plaklar damarı daraltıp kalbe ve beyine giden oksijeni azaltır. Bu nedenle plakları zaten oluşmuş kişiler doktor gözetimde ilaçlarına devam etmelidir.

İlaçlar total kolesterolü ve LDL kolesterolü azaltır. Proton tutucu LDL azaltılırsa damarlardaki plaklanma da azalacaktır. Böylece plak sorununun yarattığı durumlar ortadan kalkacaktır. Kolesterol ilaçları, LDL'nin kendi oksidasyonu yoluyla damar hattında protonları tamponlamasını engellerler. Böylece damarın daralması ve plak kopmalarıyla ilgili sorun *ötelenir*.

Ancak ilaçla LDL'nin azaltılması, beslenmede proton yükü getiren besinler azaltılmadıkça tam çözüm olmayacaktır.

Damar hattındaki proton yükü damarda tutunamasa da vücudun başka yerine saldıracaktır. LDL'nin sırtına binemeyen protonlar vücutta başka bir yerde hücrelerden elektron çalacak, başka yerlere zarar vereceklerdir. Vücuttaki proton yükü mutlaka bir yerden elektron çalınarak nötralize edilecektir. Protonlar proton olarak kalamazlar, zaten bütün kitabımızın özü de işte bu cümledir.

Kolesterol ilacı kullanımıyla ilgili mesele aslında insanların ya hep ya hiç yaklaşımı. İnsanlar isterler ki ya ilaç kullansınlar ya da kullanmasınlar.

Sağlık konusunda asla kolaya kaçmamak; tek ilaç, tek çözüm mantıksızlığına yakalanmamak gerekir.

Çünkü kolaycı beyinler olduğu sürece fırsatçı beyinler de olacaktır. Her türlü "tedavi" suiistimale açık bir konudur.

Hiç hastalanmamak için çaba göstermek gerekir.

Bu noktada alkali beslenmenin önemini kavramak çok önemlidir. Damardaki plaklar sizinle ilgisi olmayan bir şekilde havadan gelip vücudunuza yerleşmiş şeyler değildir. Tamamen beslenme tercihleriyle engellenebilir, geriletebilir bir durumdur bu. Gerilemeyi sağlamak için bugünden itibaren alkali beslenmeye başlamanızı öneriyorum. Plakları artıracak proton yüklü beslenme yapmadığınızda, vücuttaki makrofaj denen temizlikçiler onları ufak ufak azaltır. Bir süre sonra ilacı da doktor kontrolünde bırakabilirsiniz.

İlaçlar çoğunlukla kendimizi mecbur bıraktığımız durumlarda kullandığımız tıbbi teknoloji ürünleridir. Elbette yararları yanında zararları da var. Zaten prospektüslerine baktığınızda destan gibi uzun uzun anlatılan yan etkileri görürsünüz. Ancak yarar-zarar dengesinin iyi kurulması gerekir. Zaten ne yediğinize hiç dikkat etmiyorsanız, hayatın bütün tatlarından keyif almak adına yaşıyor, nefsinize dur diyemiyorsanız hastalık, ilaç, ameliyat, kemoterapi ve yaşlanma kaçınılmaz biçimde gündeminizi oluşturacaktır.

Biyolojinin kuralları vardır. Biyoloji hata affetmiyor.

146 Alkali beslenme önerilerinden önce tüm hastalıkları başlatan biyolojik hataları sırasıyla son kez hatırlayalım:

* Yemek yemenin amacı hücreyi beslemektir, kendimizi değil.
* Beslenmenin amacı hücreye enerji sağlamaktır ki bu sayede her hücre kendi fonksiyonunu doğru olarak yerine getirebilsin.
* Ama enerji oluşumu her zaman serbest radikal oluşumuyla beraber ilerler.
* Serbest radikaller, hücre zarlarından kolayca elektron çalabilirler. Bu durumda hücre zarının esnekliği sertliğe döner.
* Zarların hasarlanması yemek yemenin amacını yerine getirmesini zorlaştırır. Hücrenin ihtiyacı olan yiyecekleri içeri almasını, ihtiyacı olmayan çöpleri dışarı atmasını zorlaştırır. Çöpler, yani protonlar hücrede birikir.
* Proton yoğunluğu hem hücreyi bozar, hem zarı iyice sertleştirir. Dışarıyla temas kesilir. Hücre kendi içine hapsolur.
* Bu bozulmadan hücrenin DNA'sı ve diğer organelleri de etkilenir.
* Protonlar, AGE'ler, asitlendiren gıdalar da vücuda girerse

durum çok daha vahim olur.

* En sonunda hücre, beyinden gelen emirleri uygulamak, hormonlarla iş yapmak, bağışıklık hücreleriyle haberleşmek gibi görevlerini yapamaz.

* Fonksiyonlarını iyi yapamayan hücrelerin bir araya geldiği organda hastalık olur. Bu hastalıkların her biri başka başka isimlerle anılsa da hepsinin başlangıcı bu şekilde gelişir.

Tüm hastalıklarda asitli beslenmeyle artan protonların hücre zarından elektronlar çalması, olayı başlatan ilk adımdır.

Hücre zarındaki hasarlanma ilerler, hücre DNA'sı bundan zarar görürse, hücre mutasyona uğrar ve kanserleşir. Zarın yapısının değişmesi de onun bağışıklığın gözünden kaçmasını sağlar.

Şimdi cesaretimizi toplayıp, çağın vebası kanserin nasıl oluştuğuna basitçe bakalım.

Kanser nasıl oluşur?

Vücutta bir serbest radikal-antioksidan sistem dengesi vardır. Serbest radikali oluşturan asit-protonlar, anlattığımız sebeplerden dolayı çok artınca bu denge bozulur. Buna **oksidatif stres** denir.

* Oksidatif stresin, yani proton fazlalığının ilk verdiği hasar, elektronlarını çalarak hücre zarını sertleştirmektir.

* Zar üzerindeki iyon kanallarından Na-K pompası bozulunca hücre içinde gereğinden çok Na (sodyum), yani tuz birikir. Oysa sodyumun hücre dışında, potasyumun hücre içinde olması uygundur.

* Hücre içinde artan tuz miktarı sebebiyle hücre su tutar ve şişer.

* Hücre zarı üzerinden pasif difüzyonla rahatça içeri giren oksijen, sertleşen zardan girmekte zorlanır. Aynı şekilde içerideki karbondioksit akciğere gitmek için dışarı sızmakta zorlanır.

* Azalan oksijen sebebiyle oksijenli solunum yapılamaz.

* Oksijensiz solunum başlar ve bunun sonucunda çok az enerji kazanılabilir. Bu yetersiz enerji hücrenin kendi hasarlarını tamir etmesine yetmez. Oksijensiz enerji üretilmesi gerektiği için, şeker dışında enerji kaynağı kullanılamaz. Oksijensiz solunumun son ürünü olan laktik asit sebebiyle hücre içi pH hızla düşer, hücre içi asitlenir.

* Asitlenme hücre DNA'sına da zarar verir. Enerji azlığı DNA'nın tamir mekanizmalarını imkânsız kılar.
* Tamir imkânsızlaşınca, DNA'daki P53 geni devreye girer ve hücrenin kendini öldürmesini emreder. Bu hücre intiharının adı "apoptozis"tir.

Siz bu cümleyi okumayı bitirdiğinizde binlerce hücrenizi apoptozisle kaybetmiş olacaksınız. Ama durun, telaş etmeyin! Apoptozis, vücudumuzun DNA'sı bozulmuş hücrelerden bizi koruma yoludur. Böylece her gün kanser hücreleri üretir ama kanser olmayız. Ama hikâye burada bitmiyor:

* P53 geni de hücre içinde asitlenmeden zarar görürse durum değişir. Hücre kendini yok etmez. DNA başkalaşmaya devam eder. Oksijensiz ortamda şekeri kullanarak hücre zarını hızla, daha çok asitlendirir. Hücre dış zarının yapısını tamamen değiştirir.
* Sağlıklı hücre zarı üzerinde bağışıklık sisteminin tanıdığı yapılar varken, kanserleşmiş hücrede zar bir tür fibrin pıhtıyla kaplıdır. Bağışıklık bu hücreyi artık tanıyamaz.

Hikâyenin devamını ise biliyoruz.

Kanserleşme karışık değil, basittir:
* Artan serbest radikaller
* Sertleşen zar
* Azalan oksijenli solunum
* Azalan enerji
* Azalan tamir
* Artan hasar
* Kontrolsüz büyüme

Yapmamız gereken sadece zincirin ilk halkasını değiştirmek!
Bu sayfaya kadar hep proton, yani asit yükünün kilodan hasta-

lıklara ve yaşlanmaya kadar her konuda neredeyse tek sorumlu olduğunu gördük.

Yine de kendi durumunuzla tam olarak bağlantı kuramadıysanız, aşağıdaki testlere ve sorulan sorulara bir göz atabilirsiniz. Ne kadar çok şikâyetiniz varsa o kadar çok proton yükünden hasar görmüş olma ihtimaliniz vardır.

Şimdi birlikte bakalım ne kadar asitlisiniz.

10. bölüm

Asitlenme testi

Asitlenmem olup olmadığını nasıl anlarım?

Aşağıdaki şikâyetlerden hangileri sizde var?

Akne .... ☐
Ciltte kızarıklık .... ☐
Göz altlarında mor halkalar ...... ☐
Kolay kırışan cilt .... ☐
Hemoroit .... ☐
Varis .... ☐
Âdet öncesi sendromu .... ☐
Gaz, şişkinlik, hazımsızlık .... ☐
Midede yanma, reflü .... ☐
Kabızlık .... ☐
Baş ağrısı .... ☐
Bele kolay kilo alma .... ☐
Fazla kilo .... ☐
Yorgunluk .... ☐
Yemek sonrası uykulu hal .... ☐
Geceyarısı 1 ile 3 arası uyanma.. ☐
Depresyon .... ☐
Kötü nefes .... ☐
Kötü ter kokusu .... ☐
Kötü dışkı kokusu .... ☐
Kötü idrar kokusu .... ☐
Az idrar yapma .... ☐
Koyu idrar yapma .... ☐
Paslı dil .... ☐
Eklem ağrıları .... ☐

Kandida enfeksiyonu .... ☐
Alerjik reaksiyonlar .... ☐
Gıda duyarlılığı .... ☐
Osteoporoz .... ☐
Otoimmün hastalıklar .... ☐
İnsülin direnci .... ☐
Polikistik over .... ☐
Fibrokistik memeler .... ☐
Hipotiroiditi .... ☐
Hipoglisemi .... ☐
Kısırlık .... ☐
Seks isteğinin azalması .... ☐
Ereksiyon fonksiyon bozukluğu.. ☐
Ciltte kuruma .... ☐
Saç dökülmesi .... ☐
Kolay üşüme .... ☐
El ayak soğukluğu .... ☐
Unutkanlık .... ☐
Tatlı krizleri .... ☐
Panik atak .... ☐
Diyabet .... ☐
Uyku apnesi .... ☐
Düşük tansiyon .... ☐
Yüksek tansiyon .... ☐

Yukarıda sayılan şikâyetlerden birkaçı sizde olabilir. Bunlardan her biri için farklı etkenden bahsedilse de hepsinde başlangıç benzerdir. Her türlü hastalık önce hücre düzeyindeki bozulmalarla başlar. Kendini göstermesi vakit alır. O yüzden hastalıklara verilen farklı isimlerin bir önemi yoktur. Sorun aynıdır: Hücrelerin asitlenmesi.

Son **çekap testlerinizde** aşağıdakilerden herhangi biri normal aralıklardan daha **yüksek** çıkmış da olabilir.

CRP .... ☐	Homosistein .... ☐
Total kolesterol.................... ☐	LDL kolesterol .... ☐
Trigliserit .... ☐	Ürik asit .... ☐
Açlık insülin değeri .... ☐	2. saat tokluk insülin değeri ... ☐
Açlık glikoz değeri .... ☐	2. saat tokluk glikoz değeri .. ☐
TSH .... ☐	Tansiyon değeri .... ☐
Karaciğer enzimleri .... ☐	Sedimantasyon .... ☐
Hemoglabin A1c................... ☐	Kreatinin............................ ☐

Her durumda, hiçbir şikâyetiniz olmasa da bilinmesi gereken sadece yaşlanmanın bile sebebinin asitlenme olduğudur. Gençlerin yaşlılardan tek farkı daha alkali olmalarıdır.

O halde gençleşmenin yollarını anlatalım.

Kitabın başından beri vurgulanan şey, bizim ne yemekten hoşlandığımız değil, hücrelerimizin beslenmek için neye ihtiyacı olduğudur. Bu o kadar hayati bir meseledir ki eski görüşleri kırmak, bu yeni bakış açısını kazanmak belli ki vakit alacaktır. Ama bakış açınızı değiştirmeye şimdi başlayabilirsiniz veya ikna olmak için birkaç yıl zaman kaybedebilirsiniz, sonuç değişmeyecektir. Beslenmede bütün mesele, hücrelere doğru yakıtı seçmektedir.

Vücuduma doğru yakıtı nasıl seçeceğim?

Arabanızın deposuna yakıt olarak seçtiğiniz benzinin, arabanın performansını maksimum seviyeye getirmesine, arabaya zarar verecek artık çıkarmamasına, uzun dönemde arabanın hasarlanmasına sebep olmamasına dikkat edersiniz. Bu dikkati kendinize de gösterin! Bizim hücre motorlarımızda da enerjiye ihtiyaç vardır ama doğru yakıtların koyulması kısa ve uzun dönemdeki performansımızı etkiler.

Kaç kilometre yol gitmek istiyorsunuz?

Kaç yıl teklemeden, tamirat gerektirmeden tam güç ilerlemek istiyorsunuz?

Bu yolda hızınızı kesen ne?

Son 15 yılda artan hastalıklar neler?

Akla ilk etapta kanser gelse bile otizmden Alzheimer'a, diyabetten obeziteye, depresyona kadar hastalıklar neden bu kadar artıyor, ne değişti?

Dikkat edin, saydığım hastalıklar bakteri, virüs gibi yok edilebilir dış ajanlar yüzünden olmuyor. Klasik dış etkenler olmayınca, bu hastalıkları vücudun kendi kendine yaptığı veya bunların genetik kaynaklı hastalıklar olduğu savunuluyor. Gerçek dış etkeni bulmak ve onu engellemek yerine, tedavi seçenekleri için ilaç ve yöntemler aranıyor.

Dış etkenin bakteri, virüs veya sigara gibi tam olarak parmakla işaret edilen bir şey olması mı lazım? Belki de dış etkenin keşfi veya kavranması hemen mümkün olmayabilir de, değil mi?

Bu bir bakış açısı sorunudur.

Mesela, "Sigara sağlığa zararsızdır" dersem elbette hiç kimse benimle aynı kanıda olmaz.

153

Peki, şöyle bir argümanlar zinciri kursam sonuç ne olur:

1. gün 1 sigara içtiniz, sağlığınızda olumsuz bir şey fark eder misiniz? Laboratuvarda testlerinizde anormal bir şey çıkar mı?

2. gün 1 paket içtiniz. Laboratuvarda testlerinizde anormal bir şey çıkar mı? Bu sorunun yanıtı 1. soruya aldığımız yanıtla aynıdır. Hiçbir sorun çıkmaz!

1 yıl boyunca günde bir paket sigara içtiniz: Hayır! Hâlâ testlerde sigaranın damara, akciğere zarar verdiğine, kansere sebep olduğuna dair bir belirti görünmez ya da etkilerini tam olarak ölçemeyiz.

Şu ana kadar tespitlerimiz beni destekliyor; somut sonuçlara bakarsak görüyoruz ki "sigara sağlığa zararsızdır".

Diyelim ki aradan 20-30 yıl geçti, günde bir paket sigara içmeye devam ettiniz. Sonuç mu? Evet, hastasınız ve bu sigaranın yaptığı bir hastalık. Sigaranın size zararlarını nihayet ölçebildik. Yıkıcı etkilerini yıllar sonra ortaya çıkardık. Sigara sağlığa zararlıdır sonucuna ulaştık. Ve ben argümanımda artık haksızım. Sigara sağlığa zararsız değilmiş! Bunun için sigaranın ilk içildiği günden itibaren yıllar geçmesi gerekti.

İlk günkü o tek sigaranın zararını eskiden ölçemiyorduk.

İnanmayacaksınız ama zamanında doktorların sigara reklamlarında oynayıp, sigaranın sağlık için iyi olduğunu söyledikleri bile olmuştu!

Şu anki çok ileri teknolojilerle bu zararı hücre düzeyinde ölçebiliriz.

Teknoloji ilerledi ama bilimsel yaklaşım değişmedi. Hâlâ bir şeyin zararlı olup olmadığına karar verirken "bekliyoruz".

Şimdi aynı tarzda farklı argümanlara devam edelim:

1. gün 1 gr. şeker yediniz; sorun yok.
2. gün 100 gr. şeker yediniz; sorun yok.

10. yıl her gün 100 gr. şeker yediniz, birtakım rahatsızlıklar var. Acaba bu hastalıklar şekerle ilgili mi? Belki.

30 yıl boyunca her gün 100 gr. şeker tükettiniz, evet hastalıklarınız şekerle ilgili.

Bu argümanın mantığına göre ilk 10 yıl ben, "Şeker sağlığa zararlıdır" dediğimde haksızdım. Aradan 30 yıl geçti, zarar birikti, artık haklıyım!

Bu argümanı yiyip içtiğimiz tüm gıdalar, kullandığımız tüm ürünler için tekrarlayabiliriz. Söz konusu gıda ya da ürün un da olabilir, şeker de, et de, cips de, cep telefonu da veya plastik ayakkabı da.

Bana göre bilimsel araştırmalardaki hatalı yaklaşım, neden-sonuç ilişkisi oluşturmak için istatistiksel, yani sayısal üstünlük oluşmadan karar verilememesidir. Bu tür araştırmalarda etkene maruz kalmanın üzerinden uzun zaman geçtikten, yeterince kişi zarar gördükten sonra sonuca varılıyor.

Mesela bunca yıldır sebzelerle beslenmenin zararlı olduğuna dair istatistiksel bir sonuca varamadığımızı hatırlatalım. Aksine sebze tüketmenin sağlığa faydası olduğu da binlerce farklı yayında vurgulandı.

O halde istatistiksel, yani sayısal üstünlük olarak şu bağıra bağıra söylenmelidir:

"Sağlığı en çok koruyan şey
sebze tüketmektir."

Bu istatistiksel olarak doğrudur. Bundan öte, teknik olarak da doğrudur. Bu sonuç atom düzeyinde, hücre düzeyinde doğrudur. Hastalanmayı başlatan hücresel hataların nasıl oluştuğunu ölçmek teknik olarak artık mümkündür ve sebzeler de o hücresel hataların "teknik" olarak geri dönüştürücüsüdür.

Teknik hata, proton yüküyle asitlenmedir. Teknik çözüm, elektron kaynaklarını tüketerek alkali olmaktır. Bitkiler en iyi elektron kaynaklarıdır. Kitabın girişindeki "Hücrelerimiz İçin Doğru Enerji Nedir?" bölümünü hatırlayalım. Bitkiler bizim solunumumuzun tam tersi olan fotosentezleriyle, bizim oksijenle yakabilmemiz için elektron deposu olarak var olmuşlardır.

Bitki olmanın amacı içinde elektron depolamaktır. **155**
Hücrelerimizin enerji için biricik ihtiyacı olan elektronu
sağlarlar. Pilimizi şarj ederler.

11. bölüm

Alkali beslenme

Alkali olma hali elektronla sağlanır. Elektronları bize getiren en önemli kaynak bitkiler, yani sebzeler, meyveler, tohumlar, baharatlar, bitkisel yağlar ve iyi yağları içeren balık, iyi oksijen ve alkali sudur.

İşte bunlar temel elektron kaynaklarımızdır.

Alkali beslenmede ilk gıda seçeneği, en yüksek elektron kaynağı olan çiğ sebzeler olmalıdır.

Sebzeler

Bitkiler içlerinde bu elektronları elektron bağları şeklinde bulundururlar. Bunu kitabın girişinde anlatmıştık.

Hayvansal gıdalar, işlenmiş ürünler, hazır yiyeceklerin çoğu, kızartmalar, şekerliler, işlenmiş unlular ise içlerinde elektron bulundurmadıkları gibi vücut içinden elektron kaybına sebep olurlar. İçerdikleri pek çok AGE, serbest radikal ve kimyasal katkı sebebiyle de proton yüklüdürler.

Canlılığı elektrona borçlu olduğumuza göre bu gruplardan tüketiyor olmak "canımızı" azaltır.

Proton yükünü, yani asitlenmeyi azaltmak için elektronu artıracağız, yani alkali olacağız.

Alkali olmakta da ilk seçenek sebzelerdir ve bunu ilk kitabım *Alkali Diyet*'te de detaylı olarak anlatmıştım.

Çiğ sebzeler: Sebzeler özellikle çiğ olarak tüketildiklerinde vücudu daha fazla alkali yaparlar. Çünkü bu şekilde daha fazla elektron, yani antioksidan alabiliriz. Pişirme elektronları, vitaminleri, enzimleri azaltır.

Sebzelerin renkleri koyulaştıkça daha çok elektron içerirler, daha fazla alkali yaparlar. Morlar en güçlü alkali yapıcılardır. Kırmızı lahana, siyah turp, koyu yeşil yapraklılar, patlıcan vs. gibi. **Enzimler:** Çiğ sebzeler, içlerinde enzimlerini de beraber getirirler. Enzimler, her canlıda olan, sindirim dahil her türlü metabolik olaya aracılık eden ajanlardır.

Vücudumuzda on binlerce enzim bulunur ve bu enzimler olmadan kimyasal olaylar meydana gelmez. Enzim konusu başlı başına bir kitap olacak kadar detaylıdır.

Çiğ sebzelerle gelen enzimler sindirimde faydalıdır. Bu enzimler varken pankreasın sindirim enzimi harcaması gerekmez. **Sebze yemek pankreası dinlendirir.**

Ancak bu enzimler ısıya duyarlıdır. Pişirme ile yok olurlar. Pişmiş sebze yesek bile mümkün olduğunca günlük olarak çiğ sebze tüketmeye de dikkat etmemiz gerekir.

158   **Sebze suyu:** Alkali olmanın en kolay yollarından biri de sebze suyu içmektir. Bir bardak dolusu elektron deposu sebze suyunu içmek o kadar çok proton nötralize eder ki bir sürü hücre zarımız kurtulur. Her gün sebze suyu tüketmek en sağlıklı alışkanlık olacaktır.

Bana sorarsanız uzak olmayan bir gelecekte artık sebze kaynaklı olmayan gıdalar tüketilmeyecek! Burada vejetaryenlikten bahsetmiyorum ama tükettiğimiz besin en iyisinden bile olsa hayvansal bir ürünse faydasının yanında yine de bir miktar proton yükü olacaktır. Bu yükü nötralize etmek için ne tür hayvansal gıda tüketirsek tüketelim yanında mutlaka onun 3 katı, mümkünse çiğ halde, elektron kaynağı olan sebze tüketmemiz gerekir.

Patlıcan, patates, brokoli gibi çiğ yenilmeyecek sebzeler için pişirmede ilk seçenek buharda pişirmek olmalıdır. Haşlama ikinci seçenek olarak düşünülebilir. Zeytinyağlı yemek haline getirmek de kabul edilebilir. Ancak kızartılmaları kabul edilemez. **Neyi kızartırsak bize zarar verir.** En yüksek elektron kaynağı sebzenin bile kızartılması, onun protonlanmasına sebep olur.

Yiyecekleri yüksek ısıda pişirmenin zararları:
Isı yiyeceklerde;
Elektronları azaltır.
Enzimleri bozar.
Serbest radikal, yani proton yükü yapar.
Proteinleri bozar.

Meraklısına

Mesela baklagiller sebze olarak iyi protein kaynağıdırlar ve bunları bile pişirmek onların içerisindeki proteine zarar verir. Yurtdışında çiğ beslenme, *raw food* restoranları vardır ve özel yöntemlerle çok ısıtmadan protein kaynağı baklagil ve sebzeleri pişirirler; bu, ülkemizde yaygın değildir. O yüzden eski yöntemlerle pişirerek de olsa baklagiller iyi protein kaynakları olarak tüketilmelidir.

Özetle çiğ sebze elektron deposudur.
Sebzelerin renkleri koyulaştıkça elektron miktarı artar.
Renkler bize bitkilerin içerisindeki yararlı antioksidanlar hakkında da fikir verir.

Renklerine göre alkali besinler

Aşağıda renklerine ve içlerindeki bazı antioksidanlara göre ayrılmış sebzeleri bulacaksınız.

Sebzelerle içlerindeki antioksidan maddeler farklı adlarla anlatılsa da özetle hepsi elektron vericidir. Renkleri koyulaştıkça içeriklerindeki elektron yoğunluğu da artar.

Sebzeleri renklerine göre genel başlıklarla sıralarsak:
* Sarı, turuncu ve kırmızılar; karotenoid içerir.
* Yeşiller; sülfür, izotiyosiyanat, indol içerir.
* Mor, mavi ve siyahlar; flavonoid, fenolik içerir.
* Kahverengi ve esmerler; fitoöstrojen, saponin içerir.
* Beyaz olanlar; protein, omega-3 ve omega-6 yağlarını içerir.

1- Sarı-turuncu-parlak kırmızı renk içeren yiyecekler:
İçlerindeki fitobesinlerde karotenler, alfakaroten, betakaroten, likopen, lutein, astaksantin ve C vitamini vardır.

Bu grubun önemi, içlerinde *karotenoidler* taşımaları ve hücre zarlarının okside olmasını ve proton yüklenmesini azaltmalarıdır.

Bu gruba giren sebzeler:
Havuç, asma yaprağı, taze fasulye, arnavutbiberi, marul, bezelye, balkabağı, ıspanak, yaz kabağı, tatlı biber, domates, şalgam, kış kabağı, yerelması, sarı-turuncu-kırmızı dolmalık biberler ve acı biberler.

Bu gruba giren meyveler:
Kayısı, avokado, kavun, greyfurt, kivi, limon, portakal, papaya, armut, hurma, ananas, nar, çilek, mandalina.

Bu gruba giren baharatlar:
Yenibahar, kakule, arnavutbiberi, tarçın, köri, zencefil, karanfil, safran, zerdeçal, muskat.

Bu grubun içerisindeki **avokado** çok iyi bir yağ kaynağıdır. Günlük olarak tüketilmelidir. Bitkisel protein de içerir. **Avokadonun yağı zeytinyağından bile iyidir.**

Limon ve **misket limonu**, vücudu kolaylıkla alkali yapan turunçgillerdendir. Kendi tadının asitli olmasının önemi yoktur. Tıpkı enginarın kararmasını önlediği gibi vücut içinde de paslanmamızı engeller. Salatalara ve içme suyuna bolca eklenerek her gün tüketilmelidir.

Baharatlardan **tarçın** insülin direncine iyi gelen bir baharattır. Öğlen ve akşam yemeklerinden önce çok az bir miktar toz tarçın tüketmek, insülin direncini azaltır. Tatlı krizleri ve yemek sonrası uykulu hali de önler.

Zerdeçal, DNA tamiri yapan bir baharattır. Eklem ağrıları dahil her türlü enflamasyonla giden hastalığın şiddetini azaltan çok güçlü bir anti-enflamatuar besindir. Her gün bir çay kaşığı miktarında kullanılabilir. Zerdeçal, *curcumin* adıyla beslenme desteği olarak satılır. Pek çok güzellik kreminin içinde vardır. Günlük olarak tüketilmelidir.

Ananas içerdiği *bromelain* maddesiyle ödem atıcıdır. Ayrıca sindirimi rahatlatıcı enzimler içerir. Bacak ödemlerini azaltır.

Yine aynı grupta **ıspanağın demir deposu olduğunu, domatesin likopen içeriği ile bağırsak ve prostat sağlığına** iyi geldiğini hatırlatalım.

2- Yeşil-beyaz besinler:

İçlerinde sülfürlü bileşikler, izotiyosiyanat, indoller ve selenyum minerali vardır.

Turpgiller, kuşkonmaz, brokoli, brokoli filizleri, yeşil karnabahar, lahana, bürüksellahanası, kıvırcık lahana, şalgam, suteresi.

Bu grup DNA tamiri yapan gruptur. İçlerindeki -metil grubu DNA tamirinde metilasyon için kullanılır.

Hardalgiller olarak sınıflandırılan; roka, hardal tohumu, kırmızıturp, bütün baharatlar ve filizlenmiş bütün sebzeler.

Soğan hanesinden tüm soğanlar, pırasa, arpacıksoğanı, taze soğan ve sarmısakların kurusu ve yaşı bu gruba girer.

* Aynı şekilde bu sülfür grubu karaciğer detoksuna yardım eder, karaciğer detoksundaki faz 1 ve faz 2'ye destek olurlar. Vücuttan atılmak istenen fazla östrojen, stres hormonu kortizol gibi hormonların, antibiyotiklerin, karaciğerin önce faz 1'inde temizlenmeye çalışıldığını biliyoruz. Buradan çıkan ara metabolitler hâlâ toksik olduğundan faz 2'ye götürülmelidir. Bu gruptaki sebzeler ise faz 1'den kaçan toksinleri faz 2'ye yönlendirirler. Bu fazda detoks için çalışan, glutatyon olarak bildiğimiz, karaciğerdeki en önemli antioksidana yardım ederler. Böylece karaciğerdeki detoksla yağda eriyen toksinler suda erir hale getirilir. Safra ile bağırsağa atılarak bu toksinlerden kurtulunur.

* Ayrıca bu grubun içerisinde *indoller* vardır. Bunlar karaciğerin

detoksunu çok artırır. Yurtdışında *indol 3 karbinol* ismiyle destek hap olarak özellikle meme sağlığını korumak amacıyla kullanılırlar.

* İçlerinde ayrıca izotiyosiyanat bulunur. İzotiyosiyanat yüksek şekerin vücutta neden olduğu **AGE'leri ve glikasyonu, yani kırışıkları azaltır.**

* Yine bu gruptaki lahanagiller *glutamin* içerikleri sebebiyle gıda duyarlılığı, spastik kolon veya kabızlık şikâyetleri ile hasarlanmış bağırsak duvarı hücrelerinin tamirine yardım ederler.

* İçlerindeki sülfür **eklem, saç ve kıkırdak sağlığı** için gereklidir.

3- Mor ve mavi renkliler:

İçlerinde fenolikler, flavonoidler, polifenoller, antosiyanidinler ve C vitamini vardır.

Meyvelerden böğürtlen, yabanmersini, kiraz, kırmızı yabanmersini, kızılcık, frenküzümü, siyah üzüm, nar, kuru siyah erik, ahududu, kırmızı elma, çilek;

Sebzelerden pancar, patlıcan, mor renkli karahindiba;

Morlardaki antioksidanlardan resveratrolün yapılan araştırmalarda, sirtuin adı ile bilinen ve yaşlanmayı yavaşlatan bir enzimi aktive ettiği bulunmuştur.

İçeceklerden yeşil çay ve buradaki kırmızı renkli sebze ve meyvelerin suyu;

Baharatlardan tüm yeşil yapraklı otlar, nane, zencefil, köri, tarçın, kaküle, yenibahar bu gruba girer.

Bu gruptaki sebzeler, baharatlar ve meyveler sert hava koşullarına en dayanıklı olanlardır. Bunların dış kabuklarındaki mor rengi oluşturan antioksidanlar diğer sebzelere göre daha fazladır. Bu güç onları kötü hava şartlarında daha uzun süre korur. Bilirsiniz, mor lahana yeşil lahanadan daha geç bozulur.

* Morlardaki antioksidanlardan **resveratrolün** adı çok duyuldu. Resveratrolün öyle çok faydası vardır ki bir liste yapmaya kalksak sayfalar tutabilir. En çok araştırılan bitki antioksidanıdır.

Resveratrollerle ilgili olarak yapılan araştırmalarda, *sirtuin* adı ile bilinen ve yaşlanmayı yavaşlatan bir enzimi aktive ettiği bulunmuştur. Bu geni aktive eden diğer durum ise kalorisi kısıtlanmış yemek modelidir. *Calorie restriction diet* denen bu beslenme, "ne kadar az yersek, o kadar az artık üretiriz ve o kadar uzun yaşarız" temeline dayanır. Çok araştırılmış bir konudur. Resveratrol içeren gıdaları tüketmek bu az yeme etkisinin yaptığını yapar. Böylece resveratrol yaşlanmayı yavaşlatır.

Resveratrolün damarlar için de büyük faydası vardır. Varisleri ve kılcal damarları azaltır, tümörü besleyen kan damarlarını engeller, çok geniş bir alanda kullanılır.

Resveratrolün vücutta faydalı olmadığı problem yoktur. Damar sağlığından karaciğer sağlığına, cilt sağlığından beyin sağlığına kadar pek çok yerde elektron donörü olarak faydalıdır.

* Bu gruptaki elma ve soğanda **kuersetin** adı ile bilinen iyi bir antioksidan vardır. **Bu, alerjik reaksiyonları azaltan bir maddedir.**

* Bu grubun en güçlülerinden biri *patlıcan*dır. İçinde **nasunin** olduğunu söyleyerek literatüre yeni bir kelime eklemiş olsam da, asıl önemli olan bu mor kabukluların diğer sebzelere göre daha fazla antioksidan içerdiğidir. Sebzelerin rengi mora yaklaştıkça içerdikleri antioksidan, yani elektron miktarı artar. Bence patlıcan kabuğu yakın geleceğin en güçlü ilaçlarından olacaktır. Çünkü mor renk bitkideki elektron miktarının yüksek olduğunun göstergesidir.

4- Esmer ve kahverengiler:

Fitosteroller, lifler, saponinler, bakır, çinko, magnezyum, krom, B vitaminleri içerir.

Tahıllardan karabuğday, darı, esmer pirinç, *quinoa*, tapyoka, horozibiği;

Baklagillerden tüm fasulyeler, mercimek, börülce, bezelye, nohut, soya fıstığı;

Bu gruptaki unlar, baklagiller ve kuruyemişlerin içinde sağlıklı karbonhidrat vardır. Bu karbonhidratlar gluten içermeyen, sağlıklı kompleks karbonhidratlardır.

Tüm patatesler;

Bezelye, ketentohumu, yerfıstığı, haşhaş tohumları, susam tohumları, ayçekirdeği, ceviz, badem, fındık bu gruba girer. Bu grup nişastalı besinlerdir.

* Bu gruptaki unlar, baklagiller ve kuruyemişlerin içinde sağlıklı karbonhidrat vardır. Bu karbonhidratlar gluten içermeyen, sağlıklı kompleks karbonhidratlardır.
* İçleri B vitamini ile doludur. Bitkisel proteinler, iyi yağlar ve iyi karbonhidratlar içerirler.
* Lif içerikleri yüksektir.
* Fitoöstrojen içerirler.
* İnsülini, beyaz unlulara, glutenlilere ve şekerlere göre daha az yükseltirler.
* İçlerindeki karbonhidratlar daha az glikasyon yapar.
* Lif içerdikleri için bağırsaktan safraya atılan karaciğer detoks artıklarının dışarı atılmasını sağlarlar.

* Buradaki **bademin** alkali beslenme modellerinde *badem sütü* şeklinde tüketilmesi çok yaygındır. Badem sütü kalsiyum, omega-3 ve bitkisel protein içeriğiyle alkali yapıcı etkisi yüksek bir besindir.
* Tohumların suda bekletilerek daha canlı hale getirilmesi ya da filizlendirme gibi yöntemler alkali beslenme uygulayanların kullandığı yöntemlerdir. Yani fasulye yemek yerine fasulye çimi yemek alkali olma konusunun en son noktasıdır. Bana göre baklagillerin hepsinin filizlendirilip tüketilmesi gerektiği yakında söylenmeye başlayacaktır.
* **Buğday veya arpa çimi** yetiştirmek ve bunların *suyunu içmek* alkali beslenme uygulayanlarda çok yaygındır. Kulağa tuhaf gelse de, bir küçük bardak çim suyunun iyi gelmeyeceği hastalık yoktur.

Meraklısına

Genel bir not olarak bitkilerde; baklagil, sebze, kuruyemiş, meyve hangisi olursa olsun, en faydalı kısmı kabuk ve kabuğun altındaki kısımdır.

Elektron gücü kabuğa toplanmıştır. Çünkü bitki kendini dış şartlara karşı böyle korur. Bizim istediğimiz de, bitkilerdeki bu koruyucuları içimize almaktır. Bu yüzden kabukları soymadan tüketmek gerekir.

5- Beyaz olanlar-bitkisel ve hayvansal proteinler ve yağlar:

Bu grupta proteinler ve yağlar vardır. İçlerinde aminoasitler, esansiyel yağ asitleri, A vitamini ve diğer antioksidanlar bulunur.

Protein olarak organik tavuk etini, yumurtayı, özellikle yumurta beyazını, balığı, özellikle soğuk deniz balıklarını, baklagilleri, organik kırmızı eti, organik hayvanın karaciğerini, tofuyu, hindiyi, süt ürünlerinden kefiri, lor peynirini, keçi sütü ve yoğurdunu-peynirini, yağlardan zeytinyağını, susamyağını, doğal tereyağını, ketentohumu, ceviz, badem ve diğer tohum yağlarını sayabiliriz.

Protein dendiğinde aklımıza sadece hayvansal proteinler gelmesin! Hayvansal proteinin aşırı tüketiminin vücutta proton yükü yaptığını, vücudu asitlendirdiğini ve bunun pek çok hastalığın başlangıcı olduğunu unutmayalım.

165

* Bu yiyecekler *iyi protein* kaynaklarıdır.

Evet, proteine ihtiyacımız var. Ama her protein dendiğinde aklımıza sadece yumurtanın da dahil olduğu, süt ve et grubu, hayvansal proteinler gelmesin! Hayvansal proteinin aşırı tüketiminin vücutta proton yükü yaptığını, vücudu asitlendirdiğini ve bunun pek çok hastalığın başlangıcı olduğunu geçen bölümlerde zaten detaylı biçimde ele almıştık.

* O halde nispeten iyi olarak belirttiğimiz bu tür hayvansal proteinleri bile tüketirken vücuttaki asit-baz dengesini korumak için bu protein miktarlarının 3 katı kadar mümkünse çiğ sebze, baharat, iyi yağ kombinasyonlarını tüketmek gerekir.

* Protein kaynağı olarak baklagillerin iyi bir seçenek olduğunu hatırlamalı, sebzelerin de, kuruyemişlerin de protein içerdiğini aklımızda tutmalıyız. Bunlar hayvansal proteinin aksine vücut pH'ını değiştirip proton yükü yapmazlar. Bunların içerisinde pek çok elektron vardır.

* Buradaki yağlardan omega-3 yağı derin deniz balıklarından alındığı gibi ceviz, ketentohumu gibi kuruyemişlerden de elde edilebilir. Aynı şekilde zeytinin kendisi ve zeytinyağı da vücut için çok sağlıklıdır.

Her türlü sebze meyve, tohum, baharat, kuruyemiş burada aklıma gelmeyen daha pek çok bitki ve bitkisel besinler iyidir.

Topraktan çıkmaları, bitkisel besin olmaları bunlardan karbonhidrat, yağ, protein başlıkları ile duymaya alıştığımız besin maddelerini almadığımız anlamına gelmez.

Çocukluğumuzdan beri duyduğumuz bu üç kelime, **yağ, protein** ve **karbonhidrat** tabirleri artık ihtiyacımızı anlatmaya yetersiz kalıyor. O yüzden karbonhidrata ihtiyacımız var diye unlu-şekerli yemek yemek gerektiğini düşünmek, proteine ihtiyacımız var diye sadece hayvansal gıdalardan protein alabileceğimizi düşünmek yanlıştır. Aslında beslenmede temel ihtiyaçların hepsini bitkisel gıdalar da karşılarlar.

Hiç mi hayvansal gıda tüketmeyeceğiz?

Sanılmasın ki ben burada hayvansal gıda tüketmeyi tamamen bırakmaktan, vejetaryen bir beslenme biçimine geçmekten bahsediyorum. Bizim asıl meselemiz, gıdaların içerdiği protonlardır. O halde hangi gıdayı seçersek seçelim içinde proton yükünün az olmasına dikkat ederek seçim yapacağız. Hayvansal gıdalar, özellikle işlenmiş, ambalajlanmış, paketlenmiş olanlar GDO'lu, koruyucu içeren besinler olduğu için proton yüküdürler.

Dolayısıyla şöyle küçük önerilerle ilerleyebiliriz:

Hayvansal gıda tüketiminde dikkat edilecek noktalar:
Et tüketirken nelere dikkat etmeliyiz?

* Et yerken az miktarda yiyeceğiz, doğal beslenen hayvanlardan elde edilmiş etleri bulmaya çalışacağız, küçükbaş hayvanları tercih edeceğiz.

* Kızartma, kömürde pişirme gibi yöntemleri asla kullanmayacağız.

* İşlenmiş et tüketmeyeceğiz.

* Et yiyorsak 15 kere çiğneyeceğiz.

* Her seferinde etin yanında onun 3 katı miktarda mümkünse çiğ sebze tüketeceğiz.
* Tavuk ve hindiyi etten daha fazla yiyebildiğimiz halde aynı kurallara yine de dikkat edeceğiz.
* Balık bu iki gruptan da daha fazla tüketilebilir ama yine balıkla birlikte daha az da olsa sebze tüketmeye dikkat edeceğiz.

Yumurta:
* Doğal yumurtaların beyazı iyi bir protein kaynağı olduğu için daha rahat tüketeceğiz ama sarısını sınırlayacağız. Ayrıca yumurtayı yüksek ısıda pişirmeyeceğiz, yağda kızartmayacağız.
* Hiçbir besin maddesini yağda kızartmayacağız.

Süt-peynir grubu tüketirken nelere dikkat etmeliyiz:
* Bu grubun içerisinde ilk tercih kefirdir ve sadece kefiri tüketirsek diğerlerine ihtiyacımız kalmaz.
* İkinci tercih lor peyniridir ve lor peynirinin inek, keçi, koyun veya manda sütünden yapılmış olması fark etmez.
* Doğal tereyağı da iyi bir tercihtir.
* Süt, ayran, yoğurt ve peynirin diğer çeşitleri aklımıza geldiğinde keçi, koyun ve manda ürünlerini tercih edeceğiz.

167

Bahsedilen hayvansal proteinlerin en iyi seçenekleri bile fazla tüketildiğinde sorun yaratır. Bunların yanında sebze tüketmezsek içerdikleri proton yükleriyle vücudu asitlendirirler.

Tek başına, yani sebzeler olmadan sırf hayvansal gıda tüketilerek yapılan diyetler zararlıdır. Kısa dönemde faydalı görünürler. Çünkü beraberinde genel olarak tüketilen şekerli-unlu gıdalar grubunu yasaklama mantığına dayanırlar. Şekerli-unlu grubu da vücudu fazla asitlendirdiği için bunların zaten alkali beslenmede de yeri yoktur. İki asitlendiren besin grubundan en az biri çıktığı için ilk etapta protein diyetleri hızlı kilo kaybı sağlasa ve sağlığa faydalı gözükse de uzun dönemde asitlendirme derecesi yüksektir bu yüzden zararlıdır. Bu tür protein diyetlerinde un-şeker grubu çıkarıldığı için hayvansal proteinlerin miktarına sınır konmaz. Üstelik pişirilmeleri konusunda da herhangi bir uyarıda bulunulmaz. Bu durum vücudu diyete başladığımız ilk günden itibaren giderek daha fazla asitlendirmeye götürür.

Diyet amacı ile yapılan her şeyin ne kısa ne de uzun dönemde sağlığa zarar vermemesi gerekir. Her türlü hayvansal protein fazla tüketilirse ve sebzelerle birlikte yenmezse sağlığa zararlıdır.

Ne yediğimiz dışında ne zaman yediğimiz de çok önemlidir.

En doğru besin bile **yanlış** zamanda yendiğinde **sorun yaratabilir.** Amacımız nefsimizi değil, hücrelerimizi beslemek ise biraz disiplin şarttır.
İdeali, doğru besinin doğru zamanda yenmesidir.

12. bölüm

Akşam yemeğinin zararları

Üç öğünden oluşan beslenme düzenimize hücresel zamanlama açısından yakından bakmamızın faydası olduğunu düşünüyorum. Alıştığımız üzere, günün en önemli öğünü kahvaltıdır diyerek başlamayacağım, aksine **günün en önemli öğünü akşam yemeğidir!** Ama dikkatinizi çekerim, önemlidir derken en çok ne yememeye dikkat edeceğimiz için önemlidir. **Akşam yemeğinde yemediklerimiz gün içinde yediklerimizden daha önemlidir.** Akşam yemeğindeki yanlışlar gün içindeki yanlışlardan daha fazla bedel ödetirler.

169

Akşam kaçta yediğimizin ve ne yediğimizin önemini ne kadar anlatsam azdır. Bunun için öğleden sonraki durumu en iyiden kötüye doğru sıralayarak gitmeye çalışacağım.

Sağlık için 1. iyi seçenek; öğleden sonra 4-5 arası akşam yemeğini yemek ve daha sonrasında sadece söğüş sebze, sebze suyu ve bitki çayları içerek geceyi tamamlamaktadır.

Bu uygulanabilecek en iyi tercihtir. Bu şekilde akşam yemeği yemediğinizde uygulayacağınız bütün diyetlerden daha hızlı bel bölgenizden kilo kaybedersiniz. Akşam yemeğini atlarsanız gündüz yediklerinizin kalorisini de saymanız gerekmez. Çok da yeseniz akşam yemeyince beliniz incelir.

Sadece bel incelmesi değil, akşam yemeğini yemezseniz biyolojik olarak da gençleşirsiniz. Gece uykuda salınan büyüme hormonu sabaha kadar hücrelerinizi tamir eder. Hollywood ünlüleri gençlik için boşuna büyüme hormonu iğneleri yaptırmıyor. Büyüme hormonu kasları da korur. Çok kilolu biri bu şekilde zayıflarsa 30 kilo dahi verse sarkmaz. Kilo verirken sarkmak, kırışmak, avurtları çökmüş hale gelmek istemiyorsanız akşam yemeğini atlayarak diyet yapmalısınız.

Ancak bunu yapmak zor geliyor, çünkü sabah 9-akşam 18 iş hayatı, sosyal yaşam, ailenin bir arada olması, trafik, günlük stres derken akşam yemeğini bu saatte yiyemiyoruz elbette ve akşam yemeği seremonisinden de vazgeçmek istemiyoruz.

O halde masaya oturacağız.

Sağlık için 2. iyi seçenek:

Diyelim ki akşam 19'da masaya oturmak zorundayız. O halde akşam 19'dan **"2 saat" önceye** gideceğiz. Demek ki saat 17'ye ulaşıyoruz. 17'den hemen önce 16:30-17 arasında küçük bir ara öğün yapacağız. Bu ara öğünde badem, ceviz gibi yağlı kuruyemişler, avokado gibi yağlı sebzeler ve meyveler uygundur.

Bu ara öğünden sonra akşam yemeğine kadar tamamen aç kalacağız. Akşam yemeğini 19 yerine 20'de de yesek bu durum fark etmiyor.

Akşamüstü 17'den sonra akşam yemeğine kadar hiçbir şey yemeyeceğiz.

Bu kural çok önemlidir. Çünkü pek çok insan işinden evine dönerken, hele de o ara öğünü yapmadıysa acıkıp akşam yemeğinden önceki saatlerde ufak tefek atıştırır. Bu esnada yediğiniz ufak bir kraker dahi olsa zararlıdır. Akşam yemeğinden 2 saat öncesinden itibaren hiçbir şey yenmemelidir. Çünkü buradaki mesele tıpkı insülin direnci bölümlerinde anlattığım gibi vücudun 0 ve 2 saat arasında şeker-insülin dengesi ile alakalıdır.

Akşam yemeğinden 2 saat önce kanınızda insülin yükseltecek herhangi bir besin maddesinin bulunmaması gerekir.

Ancak bu şekilde akşam yemeğinde önereceğim seçenekleri tüketebilirsiniz.

O halde saat 17'den sonra alkali su hariç hiçbir şey tüketmiyoruz.

Akşam yemeğine oturduğumuz zaman yemek mönüsü aslında bütün aile bireylerinin iyiliği için aşağıdaki şekilde olmalıdır:

Akşam yemeğinde neler yasak olmalıdır?
Tüm öğünlerde unlu, şekerli gıdalar, alkol, şekerli içecekler, kızartmalar, işlenmiş ürünler, cipsler vs. gibi yiyeceklerin yararsız olduğunu bildiğinizi varsayarak hepsini saymıyorum. Bu tür besinler çocuk-büyük herkes için faydasızdır.

Ancak yetişkinlerin kilo verebilmesi ve insülin direncini azaltabilmeleri için bu yararsız besin grubunun dışında bazı yararlı besin gruplarını da akşam tüketmelerini önermem. Bu sebeple akşam yemeğinde yenmemesini önereceğim besinler vardır.

1- Baklagilleri akşam yemek pek uygun değildir. Çünkü baklagiller bitkisel proteinler içeren sağlıklı besinler olduğu halde bu saatte yendikleri zaman içlerindeki karbonhidrat insülini yükseltir. Baklagillerin az bir kısmı proteindir. Geri kalan kısımları iyi karbonhidrattır ama karbonhidrattır sonuçta. Akşam için değil, gündüz için uygundurlar.
Baklagilleri saat 17'den önceki öğünlerde tüketeceğiz.

2- Sağlıklı olduğu halde akşam tüketmeyeceğimiz bir başka grup kuruyemişlerdir. Bunların içeriğinin bir kısmı iyi yağlar, bir kısmı iyi proteinler ve bir kısmı da iyi karbonhidratlardır. Ama yine iyi de olsa içerdikleri karbonhidratlar sebebiyle saat 17'den önce sabah, öğlen, öğleden sonra öğünlerinde tüketilmeli, akşam tüketilmemelidirler.
Kuruyemişleri de saat 17'den önceki öğünlerde tüketeceğiz.

3- Benzer şekilde alıştığımızın aksine akşamları süt-yoğurt-peynir grubu da kilo vermek isteyenler için uygun değildir. İyi olduğunu söylediğimiz lor peyniri, kefir, keçi yoğurdu, koyun, manda ürünlerini de saat 17'den önce, gün içerisinde tüketmek gerekir.

Yoğurdun içerisinde galaktoz isimli şeker, sütün içerisinde laktoz isimli şeker vardır. Yani bu ürünlerin içerisinde karbonhidrat vardır. Bu karbonhidratlar elbette ki unlu ve şekerli ürünlere göre çok daha emniyetlidir. Ancak bel kalınlığı, yaşlanma, insülin direnci varsa ve *anti-aging* etkili alkali beslenme istiyorsak bu ürünleri de saat 17'den önce tüketmek, akşam yemeğine koymamak lazımdır.

Süt-yoğurt-peynir grubunu da saat 17'den önceki öğünlerde tüketeceğiz.

4- Meyveler, kabuklarıyla çiğ olarak tüketilmesi gereken iyi elektron kaynaklarıdır. Ancak meyveler de saat 17'den önce tüketilmelidir. Meyve şekeri glikoz ve fruktozun direkt veya dolaylı olarak insülini akşam saatinde yükseltmesi istenmez.

Meyveleri de saat 17'den önceki öğünlerde tüketeceğiz.

O halde akşam yemeğinde neler yiyebiliriz?

* Sebzeler sınırsızdır. Söğüş sebze, salata, ızgara sebze, sebze çorbası, zeytinyağlılar, sebze haşlamalar akşam yemeğinde tüketilebilir.

Sebzelerle ilgili olarak miktarda sınır yoktur. İstediğiniz kadar sebze yiyebilirsiniz. Üstelik yaptığınız yemeklerin yağsız olması gerekmiyor. Arzu ettiğiniz ölçüde zeytinyağı da kullanabilirsiniz

* Yağlar: Zeytinyağını rahatlıkla kullanabilirsiniz. Limon ve elma sirkesi dışında başka bir sos kullanmadığınız sürece, bahsedilen sebze gruplarından hepsini istediğiniz kadar zeytinyağıyla tüketebilirsiniz.

* Baharatların hepsi her öğünde serbesttir. Özellikle tarçın her yemekten önce az bir miktar tüketilmelidir.

Akşam öğününü bu şekilde sebzeyle geçirmek idealdir.

Maalesef pek çok kişi bununla yetinmek istemiyor, hep daha çok yemek arzusunda.

Bunun için akşam yemeği mönümüze biraz hayvansal protein ekleyeceğiz. Yumurta, hindi, tavuk, balık ve et sebzelerle beraber olmak şartıyla tüketilebilir.

Hayvansal proteinlerden gelen proton yükünü yok etmek onların 3 katı kadar sebze tüketmek gerekir. Eğer miktar çoğaldıysa sebze miktarı da çoğaltılmalıdır.

Genel inanışın aksine proteinin yanında fazladan sebze yiyor olmak kilo aldırmaz, kilo verdirir. Sadece et yiyerek belki daha az kalori aldığınızı düşünüp, yanında haşlama sebze ya da salata yemek istemeyebilirsiniz. Ama eninde sonunda hayvansal proteinlerle hücre zarları asitlenip sertleşince oluşan insülin direnci az yeseniz de kilo almanıza sebep olacaktır. Mesele hiçbir zaman kalori hesapları veya az yemek olmamalıdır.

Akşam yemeği sonrası atıştırmaları hemen herkes için kilo alma sebeplerindendir. Akşamları biraz disiplinle bu sorun ortadan kalkar.

Gece acıkıyorsanız tekrar sebze yemeği yiyebilir, televizyon karşısında söğüş sebze atıştırabilirsiniz. Zeytinyağlı yemeklerin adlarını burada saymaya kalksam, her biri tek tek ağzımızı sulandırır. Lezzet dolu zeytinyağlı yemek çeşitlerimiz var. Onlardan istediğiniz kadar yiyebilirsiniz.

Belki ekmeksiz akşam yemeği yemek, pilav, makarna yiyememek, patates kızartmasını mönüden çıkarmak, televizyon karşısında bir dilim kekten çatalın ucuyla alamamak, ayva tatlısından, azıcık da olsa tırtıklayamamak, bir kadeh kırmızı şarap içememek size çok zor gelebilir.

173

Elbette ki zor! Ama unutmayın sigara içene sigarasız olmak da zor, alkol sevene alkolü bırakmak da zor. Maalesef bunları sadece nefsimiz istiyor. Hücrelerimizin bunlara ihtiyacı yok. Tadı nefis yiyecekleri görünce nefsimizi tutmayı bilmeliyiz. Her konuda olduğu gibi nefse hâkim olmak da iyi ve doğru insan olmanın özü. Ve hücrelerimiz için de bu böyle.

En sağlıklı olan, birkaç günde bir hazırlayarak buzdolabında sakladığımız sebze sularını tüketmektir. Akşam yemeğini atlayıp geceyi ara ara sebze suyu içerek geçirmeye çalışın. İşte size en hızlı bel inceltme, en hızlı hastalıklardan iyileşme, en hızlı güzelleşme, en hızlı gençleşme yöntemi!

Alkali beslenme ile gençleşmenin formülü, atlanan akşam yemeği ve bolca içilen sebze suyunda!

Akşam yemeğinin sağlığa bu denli etkili olması vücudun tüm metabolik sistemi ile ilgilidir. Saat 23'teki kaliteli uyku ve daha sonrasında vücuttaki bütün arazları düzeltmeye yardım edecek olan büyüme hormonun salınımı için bir önkoşul vardır: Bu önkoşul, saat 23'ten 4-5 saat önce vücutta kan şekeri düzeyinin açlık değerlerinde olması ve ortada hiç insülin bulunmamasıdır. Hormonların birbiriyle alakası yüzünden insülinin varlığı melatoninin ve büyüme hormonunun ortaya çıkışını baskılar.

Gece uyurken bizi yenileyip gençleştirecek olan büyüme hormonunun yerine insülinin varlığı bizi yaşlandırır.

Dolayısıyla genç kalmak

isteyenler için

akşam yemeği uygun değildir.

Sosyal sebeplerden, iş yaşamı ve mesai saatleri yüzünden bunu yapamıyorsak en azından vücudumuzu kandırabiliriz. İşte bu yüzden karbonhidratsız bir akşam yemeği öneriyoruz. Zaten hepimizde az veya çok insülin direnci var. Dolayısıyla gençken gece karbonhidrat tükettiğimizde bunu kolayca kandan uzaklaştırmak mümkünken, artık bu mümkün olmuyor. Bunca asitli beslenmeyle sertleştirdiğimiz hücre zarları insüline duyarsızlaşınca, insülinin mevcut bütün enerjiyi yağ olarak depolamasına, dolayısıyla az yesek de kilo almamıza artık şaşmamalıyız. Bu yüzden akşam tüketilen az miktardaki karbonhidrat bile bel çevresinde depolanır. Akşam yemeğindeki karbonhidratlar yüzünden karaciğer yağlanması da olur. Karaciğer yağlanması da hafif akşam yemeği yiyerek azaltılabilir.

Ancak karbonhidrat yemeyeceğiz diye sadece hayvansal protein yersek, oluşan ketonlar ve protonlar da yine bizi asitlendirir, enflamasyon olur. Enflamasyon hücre zarlarını sertleştirir ve insülin direnci gelişir. Yine kolay kilo alır hale geliriz.

Gördüğünüz gibi kolay kilo almamak için sebze yemek zorundayız!

Montignac'tan Atkins'e, Dukan'a kadar yüksek protein diyetlerini artık hepimiz biliyoruz. Her 5-10 yılda bir bir başkası karşımıza çıkıyor. Böyle diyetler sadece bir yiyecek grubunu, mesela şekeri kısıtladıkları ve diğerlerini sınırsız tüketme hakkı sağladıkları için uygulaması kolay görünüyor, popüler oluyorlar. Bu diyetlerde yanlış olan sebze tüketimine vurgu yapılmaması, hayvansal protein miktarının fazla tutulması, iyi yağların önerilmemiş olmasıdır.

Lütfen, "Bu ara biraz kilo vereyim, gerisini sonra düşünürüm" mantığından vazgeçin. Bütün hastalıklarla yediklerimiz arasında yüzde 99 oranında bağlantı olduğunu kabul edelim. Kilolarımız ve yediklerimiz arasındaki bağlantıyı nasıl kurabiliyorsak, herhangi bir rahatsızlığımız olduğunda o belirtilerle vücudumuza aldığımız yiyecekler arasındaki bağlantıyı da kurabilelim. Aslında bu kitapla amaçlanan da budur.

13. bölüm

Alkali detoks

Genel olarak yeme planımızda neleri seçmemiz gerektiğini, günün hangi saatinde neleri yemek gerektiğini öğrendik.

şimdi vücuttaki mevcut proton yükünü, yani **asitleri** atmak için vücudumuza nasıl yardım edebileceğimizi göreceğiz.

İçeri aldıklarımızı doğru seçmenin yanında dışarı atılımda da vücuda yardım etmek önemlidir.

Detoks kelimesi alışıldığı üzere başı ve sonu olan, birkaç günlük, bir haftalık birtakım kısıtlamaları içeren bir uygulama gibi gözükmesin. Burada anlatmak istediğim aslında her günün aynı şekilde geçmesi gerektiğidir. İçerideki toksinleri atabilmek için her gün vücudun toksin atan sistemlerine yardımcı olacak beslenmeye ve yaşam şekline geçilmesi gerektiğidir. Yoksa sadece birkaç haftalık uygulamalardan aldığımız sonuçlarla kalırız. Oysa o memnuniyeti hayat boyu yaşayabiliriz.

Alkali olmayı sağlamak için vücuttaki asit atılımına nasıl yardım edebiliriz, görelim:

Çiğ sebzeler, sebze suları:
Tüm sebzelerin suyu, içine taze olarak sıkılmış limon, biraz zeytinyağı eklenmiş şekilde bolca tüketilmelidir.
* Sebzelerin içerisinde **elektronlar** var.
* **Antioksidanlar**, fitobesinler var.

* Alkali sıvılar var.
* Enzimler var.
* Sebzelerde mineraller var.

Sebzeler mineraller için en iyi kaynaktır. Mineraller denince **kalsiyum, magnezyum, sodyum, potasyum** başta olmak üzere pek çok minerali sayabiliriz. Kendilerine mineral denen bu küçük maddeler alkali beslenmenin olmazsa olmazlarıdır. Hazır gıdalardan vücuda mineraller gelmez. Çiğ sebzelerde ise ihtiyaç duyulan tüm mineraller vardır. Sebzeler bunu topraktan alır.

Mineraller temelde vücuttaki elektrik iletkenliğinden kas kasılmasına, hafızaya kadar pek çok hayati yerde görevlidir. Defalarca önemini vurguladığımız hücre zarları, üzerindeki birtakım mineraller aracılığı ile dışarıyla alışveriş yapar. Himalaya veya deniz tuzu kullanmak iyi mineralli tuz kullanmak anlamına gelir. Rafine sofra tuzu yerine bu tuz kullanılmalıdır.

Minerallerden özellikle kalsiyum en bilinenidir. Kalsiyumla beraber magnezyum, sodyum ve potasyum alkali mineraller olarak bilinir. Hücrede asiditeyi giderme işleminde kullanılırlar. Kalsiyumun önemi de buradan gelir. **D vitamin**ine verilen önemin de sebebi budur. D vitamini, kalsiyumun bağırsaktan emilimini artırıp alkali tamponlamadaki görevini desteklediği için önemlidir. D vitamini vücudu kalsiyum üzerinden dolaylı olarak alkali yapar. Kalsiyum gibi alkali mineralleri elde etme kaynaklarında ilk seçenek sebzelerdir.

Sanılanın aksine sebzeler ve tohumlar, pek çok hayvansal gıdadan daha fazla kalsiyum içerirler. Sebzeler bu mineralleri topraktan alır. Hayvanlar ve insanlar bitkileri yiyerek bu mineralleri elde ederler. Bunlar vücutta üretilmez.

İşte size sağlık ve alkali yaşam için iki ipucu:
* Her gün sabah ve akşam 1 bardak sebze suyu tüketin.
* Yeşillik tozları şeklinde sebze özleri satılır. Bunları da tüketebilirsiniz.

Yüksek ORAC'lı besinler:
Bitkiler, hayvanlar ve insanlar gibi onları hastalandıracak dış

etkilerden uzaklaşarak kaçamazlar. Kendilerini dışarıya karşı ancak kimyasal bitki silahlarıyla korurlar. Mantar, çürüme, kötü hava koşulları gibi olumsuz dış şartlar için geliştirdikleri kimyasallar tek savunma silahlarıdır. Bu koruyucuları özellikle kabuklarında ve kabuğun hemen altında saklıdır. Çünkü burası dışarıyla temas yüzeyidir. Bizde olduğu gibi onlarda da dışarıyla temas sınırı savunma hattıyla çevrilidir. İşte bu savunma gücü ORAC olarak ölçülebilen bir değerdir.

ORAC, bir besinin içindeki **oral antioksidan kapasitesi**ni ölçme birimidir. Bir besinin ORAC değeri ne kadar yüksekse, o kadar çok serbest radikal, yani asit-proton yok edebilir.

Artık her şeyin ORAC değeri ölçülebilmektedir. Yaşlanma ve hastalıkları engellemek için günlük olarak en az 6.000 ORAC ünitesi antioksidan tüketmek gerekir. Yüksek ORAC değeri, yüksek alkali değerle aynı şeydir. ORAC içeren her besin antioksidan olarak elektron vericidir.

Zencefil, tarçın, kırmızıbiber gibi baharatlar, yeşil-kırmızı ve mor çiğ sebze ve meyveler, avokado, enginar, bitter çikolata, badem, ceviz, susam gibi yağlı tohumlar ve alkali su yüksek ORAC değerlerine sahiptir.

Bazı gıdaların ORAC değerleri:	
Acai meyvesi ..102.700	Avokado 1.933
Badem 4.454	Brokoli 2.386
Ceviz 13.541	Elma 3.224
Enginar 6.552	*Goji* meyvesi 25.300
Ispanak 1.510	Kakao 3.372
Mor lahana 2.252	Mor marul 2.380
Pecan fıstığı 17.900	Siyah erik 7.581
Siyah fasulye 8.089	Sumak 86.800
Tarçın 11.147	Üzüm (beyazı 1.118, siyahı .....1.260)
Yeşil çay 1.253	Yeşil soğan 1.220
Zencefil 1.200	Zerdeçal 6.637
Zeytinyağı 1.150	Yabanmersini (böğürtlen ve çilek) ...5.090

İyi yağlar:

Pek çok kişiye şaşırtıcı gelebilir ama yağsızlık çok ciddi bir sorundur. Israrla ele alınması gerekir. İşlenmiş ve hayvansal gıdalardaki yağların zararları yüzünden yağ konusu fazlasıyla suiistimale uğramıştır.

Oysaki kitabımızda detaylı biçimde anlattığımız, hücre zarındaki doymamış yağları yerine koymanın bir yolu iyi yağları tüketmektir.

Sağlıklı olmak için yağları, özellikle omega-3 türevi doymamış yağları tüketmek şarttır. Yeterince iyi yağ tüketilirse, asit-proton artışında hücre zarından elektron çalınacağına bu yağlardan çalınır. Tüm hücreleri, damarları, karaciğeri, beyni bu yağlar korur.

Balık (özellikle somon, uskumru, ringa balığı ve tonbalığı gibi soğuk deniz balıkları), badem, ceviz, makademya fındığı, avokado, hindistancevizi yağı, çuhaçiçeği yağı, *borage* yağı (GLA), ketentohumu, *chia* tohumu, susam tohumu, çöreotu, zeytinyağı, doğal tereyağı, *krill* yağı iyi yağ kaynaklarıdır.

* Beslenme desteği olarak günde en az 1 gr. moleküler distile edilerek ağır metallerinden ayrılmış omega-3 hapı tüketilmelidir. Bu 0 yaşından 99 yaşına kadar herkes için geçerli bir öneridir.

Bağırsak detoksunu artırmak için:

Lifler: Toksin atılım organlarının başında bağırsaklar geldiğine göre lifler bağırsakların iyi çalışmasında gereklidir. Lifler, su tutarak bağırsağın peristaltik hareketler dediğimiz atılım hareketlerini artırır, kabızlığa engel olurlar.

Kabızlık yoksa life gerek yok gibi bir anlam çıkarılmasın, lifler her zaman gereklidir.

Lifleri en kolay alma yolu bitkisel beslenmedir.

Karaciğerin bir toksin ayrıştırma yeri olduğunu hatırlayalım. Karaciğerin ayrıştırdığı toksinler genel olarak yağda eriyen toksinlerdir ve safra ile bağırsağa dökülürler. Bağırsakta toksinleri emecek ve bağırsak hareketini artıracak lifler yoksa, yavaşlama yüzünde toksinler geri emilir. Tekrar karaciğere gider, tekrar detoksifiye edilmeye çalışılır. Karaciğerin yükü artar.

Lifler ayrıca doyma hissini artırmak konusunda da faydalıdır.
* Lifli beslenmeniz yetersizse, hazır lif içeren preparatlardan kahvaltıyla ve bol suyla 1 adet tüketin.

Prebiyotikler: Bağırsakların toksin atmasını desteklemek için prebiyotikler de gereklidir. Modern beslenme modelinde en iyi doğal prebiyotik kaynağı olarak ev yapımı yoğurt veya kefir sayılabilir.
* Her gün *kefir* tüketmek ve antibiyotik kullanılan dönemde destek olarak prebiyotik almak gerekir. Kefir tüketmekten hoşlanmıyorsak prebiyotik kullanımını 3 aylık kürlerle sürdürmeliyiz.

Güçlü bağışıklık

söz konusu olduğundan, ilk korumamız gereken bağırsaklarımızdır. Çünkü bağışıklığın yüzde 80'inin bağırsaklarla ilgili olduğunu biliyoruz.

Prebiyotikler olmadan bağırsak sağlığını koruyamayız. Hayvansal gıda yedikçe bağırsakta iyi prebiyotiklerin yerine fırsatçılar çoğalır. Dolayısıyla prebiyotiklerin yerine konulması gerekir. Çünkü tamamen bitkisel beslenmeyi beceremiyoruz.

Çiğ sarmısak tüketmenin bağırsaktaki zararlı bakterileri azaltmakta yararı olabilir.

Bağırsaklarla ilgili olarak eklemek istediğim son bir not var. Bu da size şaşırtıcı gelecek bir bilgi ama en sağlıklı bilgiyi paylaşmak görevimiz: Aslında eski model alaturka tuvalet bağırsakların daha iyi çalışmasını sağlıyor. Buyurun size modern yaşamın başka bir zararı daha!

Glutamin: Bağırsaklarımızın hücreleri çok sık yenilenir. Bu yenilenmede glutamin aminoasidi yardımcıdır. Spastik kolon hastalığında, antibiyotik ve ağrı kesici kullanılan durumlarda, gıda duyarlılığı olan kişilerde bu yenilenmede glutamin ihtiyacı daha fazladır. **Glutamin, lahanagillerde, ıspanakta, peyniraltı suyu ve balıkta bulunur.**

Karaciğer detoksunu artırmak için:
Karaciğer, vücudun kimyasal beynidir. Her türlü maddenin detok-

sifiye edildiği, yararlı kısımlarının alınıp zararlı kısımlarının atıldığı geri-dönüşüm fabrikasıdır. Karaciğer atılacak toksinleri bir tür paketleme işlemiyle vücuttan atılabilir hale getirir.

Glutatyon maddesi karaciğerdeki en önemli detoks maddesidir. **Soğan ve sarmısak, lor peyniri ve kavun tüketmek glutatyonun yapımını artırır.**

İyi yağların karaciğer detoksuna faydası, safradan gelen karaci-ğere ait toksinlerin atılmasına yardımcı olmasıdır. Safra bağırsaktaki yağlara cevaben açılır ve bağırsağa içeriğini boşaltır.

Karaciğer detoksunun artırılması ve safraya daha çok toksin atılması için karaciğerin faz 1 ve faz 2 detoksifikasyon safhalarına yardım edecek brokoli, karnabahar, brüksellahanası ve C vitamini içeren besinlerin önemini de tekrar hatırlatalım.

Resveratrol, s-adenozilmetyonin, slimarin, DİM, İ3C, glutamin gibi isimlerle anılan ve yüksek derecede karaciğer koruyucu olan madde-leri içeren besinleri bolca tüketmek gerekir. Bunlardan başlıcaları; mor sebze ve meyveler, enginar, devedikeni, yeşil çay, lahanagiller, brokoligiller, soğan, sarmısak ve yeşil yapraklı sebzelerdir.

Elbette ki çay, kahve, alkol kullanımını azaltmak da safra ve karaciğer sağlığı için önemlidir.

Fazla hayvansal protein tüketmek karaciğeri yorar.

Akşam yemeğini geç saatte ve karbonhidrat içerikli yemek karaciğeri yağlandırır.

Karaciğer sağlığı için omega-3 türevi yağlar günlük olarak tüke-tilmelidir.

Böbrek detoksunu artırmak için:

Böbrek, hem karaciğerden gelen amonyağı hem de vücutta suda eriyen toksinleri idrarla atar. Böbreğin toksin atışını kolaylaştır-manın en basit yolu elbette ki yeterli su içmektedir.

Yeterince alkali olmak için su içmek durumundayız. Yeterince su içmediğimizde vücudumuzda asit birikir. Bunu idrarımıza bakarak da anlayabiliriz.

En kolayı sabah idrarına bakmaktır. İlk idrar ne kadar koyu, ne kadar kokulu ise vücutta o denli asit birikimi olmuş demektir. İdrar miktarı bir önceki günden açık renkte olduğunda artık böbre-

ğin atacak asit yükü azalmış, dolayısıyla vücut içindeki proton sayı-
sı düşmüş demektir.

pH çubukları idrarın asiditesini ölçer.
pH çubuğunu ilk idrara soktuğumuzda 5 veya 6 değerini gösteriyorsa bu
iyi değildir. pH 7'nin altı asit değeri gösterir. 5 ve 6 yüksek asidik değer-
lerdir. Bu değer, az su içtiğimizi, az alkali besinler tükettiğimizi gösterir.
Hayvansal proteinleri fazla tükettiğimiz öğünlerden sonra idrar pH'ının
asit tarafa kaydığını rahatlıkla görebiliriz.
İdrar pH'ı sabah 7 civarı, gün içerisinde de 8 ise her şey yolunda demektedir.
Zaten daha yüksek pH'da idrar atılımını ölçemeyiz, 7 ve 8 iyi değerlerdir.

Günlük olarak kimse yeterince alkali olacak kadar su içmiyor.
Bu su içme zorluğunu bertaraf etmek için de suyun miktarını artıra-
mıyorsak suyun alkali değerini artırmak zorundayız.

Suyun pH derecesi ne kadar alkali ise, yani ne kadar 7'nin
üstünde ise o kadar çok asidi vücut içinde tamponlar. Sadece bir
birim daha fazla alkali olan su, o bir birim ile 10 kat fazla asit temiz-
leme gücü kazanır. Su içmenin amacı zaten bu asitleri atmaktır.

Böbrekle, karaciğerle, bağırsakla, akciğerle, deri ile atılamayan
asitlerin vücut içinde proton olarak biriktiğini, hücre zarlarından
başlayarak pek çok dokuda harabiyet yaptığını, enflamasyona
sebep olduğunu ve her türlü hastalığın başlangıcına zemin hazırla-
dığını öğrendik. Bu protonları nötralize edip atmaya çalışırken de
bütün atılım sistemlerimize yardım etmeliyiz.

İyi su tüketmek için çok basit çözümler var:
* Satın alınan suyun pH değerinin alkali olup olmadığına baka-
  biliriz.
* Alkali su damlaları veya alkali su makineleri kullanabiliriz.
* En basit haliyle suyun içine az miktarda karbonat atmak suyu
  alkali yapar. Eczane tipi karbonattan 1 litreye bir çimdik ucu
  kadar, az miktarda atmak suyun pH'ını alkali yapar.
* Suya elma sirkesi ve limon eklemek de suyun temizlik kapasi-

tesini artırmak için bir çözümdür. Bunlar suyu dışarıda alkali yapmaz ama suyun içeride alkali temizlik yapmasını sağlarlar. Burada limonun antioksidan, yani elektron verici olması onun alkali yapmasının sebebidir. Dışarıda asit pH'ta olmasının önemi yoktur. O yüzden yiyeceklerin asit ve alkali değerleri olarak gösterilen pek çok tablo, bu konuda okuyacağınız pek çok bilgi kafanızı karıştırmasın. Yiyeceklerin dışarıdaki pH'larının önemi yoktur, her şey vücut içerisinde ne olduğu ile ilgilidir.

Özellikle bel çevresindeki proton dolu yağları yakabilmek için bolca alkali su içmek de şarttır. Bu yağların eriyebilmesi ve eridiğinde ortaya çıkan protonların nötralize edilebilmesi için alkali suyla gelen elektronlara ihtiyaç vardır. Yağlar alkali ortamda erir. Elinize bulaşan yağı eriten alkali sabun gibi.

Alkali su içerek, "Su içsem yarıyor"dan "Su içsem eriyor"a geçebilirsiniz.

Alkali su

Vücudumuzun yüzde 70'inin sudan oluştuğunu, susuz sadece 3 gün yaşayabileceğimizi biliyoruz. Su içmek gerektiği, herhalde en sık tekrarlanan sağlık uyarısıdır. Her gün en az 2-3 litre su içmeliyiz. Bunlar yeni bilgiler değil.

Yeni olan, her suyun aynı olmadığıdır. Bazı tür sular diğerlerinden daha sağlıklıdır.

Suda sağlığa faydayı anlatan özellik onun pH'ı ile belirlenir.

pH, sudaki H (+) hidrojen protonunu ölçer. Suda H (+) ne kadar azsa su o kadar kıymetlidir. Protonları istemiyoruz. Çünkü onlar asittir.

pH kavramı bu asitlik değerini ölçer. 0 ve 14 arası şeklinde değerlendirilir. 7 değeri tam orta noktadır.

* pH<7 ise o sıvıda fazlaca H (–) protonu vardır ve o sıvı asit değerdedir.

* pH>7 ise o sıvıda az H (+), çok OH (–), yani hidroksil iyonu vardır. O sıvı alkalidir.

H (+) ve OH (–) zaten H_2O olan suyun çözünmüş iyonlarıdır.

OH (–) iyonunun eksi yüklü elektron taşıdığını görüyoruz. İşte bu elektron sebebiyle su alkali olur. Her elektron içeren madde gibi vücudu alkali yapar.

Elektronlar aynı zamanda antioksidanlar olduğuna göre, alkali su antioksidandır. Tüm antioksidanlar gibi serbest radikalleri nötralize eder.

Alkali su C vitamininden farksızdır.

Suyun içerisindeki OH (–) miktarı arttıkça alkali değeri ve antioksidan değeri artar.

Örneğin pH değeri 8,5 olan bir bardak alkali suda, 8,5 üssü çarpı 21 tane OH (–) iyonu, yani o kadar fazla elektron vardır. Bir bardak alkali suyla tonla antioksidan elektron alırız.

Alkali suda OH- ile gelen sadece elektron değildir. Oksijen de gelir. OH (–) fazla oldukça su içindeki "O" ile gösterilen oksijen de fazla olur.

Kanımızın alkali değerinin pH 7,35-7,45 arasında tutulduğunu biliyoruz. Her saniye bu dar aralıkta tutulabilmesi işte bu kitap boyunca anlattığımız işlemlerle mümkün oluyor. Ancak kanın pH'ının en alt sınırda, pH 7,35 olduğu hali, 7,45 olduğu halinden yüzde 30 daha az oksijen taşıyabiliyor. Anlayacağınız kanın alkali değerinde birazcık azalma bile onun oksijen taşıma kapasitesini azaltıyor.

Oysa oksijen hayattır!

Kanda olduğu gibi

suyun da alkali değeri arttıkça oksijen taşıma kapasitesi artıyor. Oksijenin olduğu yerde ne bakteriler olur ne de kanser hücreleri. Yeterince oksijen olmazsa yağlar da erimez, çünkü yağ yakmak için vücut çok fazla oksijene ihtiyaç duyar.

Japonya'nın, dünyadaki en uzun yaşayan insanlarıyla ünlü Okinawa Adası'nda, uzun yaşamın sırrı iyonize alkali mineralli su kaynakları olmasında saklı. Peki, zemzem suyunun pH'ının 10 olduğunu biliyor muydunuz?

Kim bilir, belki de gençlik iksiri alkali sudur.

Vücuttaki temizlikte asıl kirlilik yaratan protonları nötralize etmek için alkali suya ihtiyacımız var.

Suyun alkali değeri 1 birim arttığında temizlik gücü 10 kat artar. pH'ı 7 olan suya göre 8,5 olan su 150 kat fazla temizlik gücüne sahiptir.

Az su içmek çok yaygın ve çok ciddi bir sorundur. İyi su kaynaklarına ulaşmak da yakın geleceğin sorunu olacaktır. Şu anda gönüllü olarak susuz kalıyoruz ve bunu yeterince ciddiye almıyoruz. Ancak tüm bu proton yükünü gidermekte en kolay çözüm yolumuz alkali sudur. 1 bardak kahve, 1 kadeh şarap hızla suyumuzu çalarken, basitçe bunları 1 bardak alkali suyla tamponlamak çözümün bir parçası olabilir.

Suyu alkali yapmak için önerilerde bulunduk. Belki de en pratik olan yöntem alkali damlaları kullanmaktır. Bu damlalar karbonat kadar suyun tadını değiştirmezler. Makinelere göre çok ucuzdurlar. Her yere taşınabilirler. Çay ve kahveye ilave edilebilirler. İçlerinde vücut için gerekli alkali mineralleri de bulundururlar.

Alkali su makineleri ülkemizde henüz çok yeni. Bu sebepten çok iyi araştırarak karar verilmelidir. Henüz kimse nasıl bir makine almak gerektiğini tam bilemiyor. Oysa Kore, Japonya, Amerika gibi ülkelerde bu makineler çok yaygın kullanılır. Makinelerin birbirine üstünlükleri ORP değerlerinden anlaşılır. ORP, oksidasyon-redüksiyon kapasitesi manasında bir ifadedir; makineden çıkan suyun ne kadar elektronla dolu olduğunu gösterir. İşareti de elektronun işareti olan (–) simgesiyle gösterilir. Mesela –800 ORP'si olan makine –500 ORP'si olandan daha çok elektron içerir.

İyi suyun özellikleri sadece elektron taşıması ve alkali olmasıyla bitmez. Suyun beklememiş olması, su moleküllerinin *cluster*, yani demet şeklinde kümeleşme yapmamış olması da istenir. Böyle olduğunda suyun yüzey gerilimi denen fiziksel özelliği azalır. Bu şekilde su hücre içine kolayca girer.

Suyun içerisinde kalsiyum, magnezyum gibi mineraller olması da ayrıca istenen bir özelliktir. Çünkü bu mineraller alkali minerallerdir.

Su konusu da kendi başına bir kitap olacak kadar uzun ve detaylı bir konu aslında. Şimdilik en azından karbonatla yapılmış bile olsa alkali su içmenin önemini hatırlatalım yeter.

Alkali hayatın yarısı su ve havadan, diğer yarısı alkali beslenmeden gelir.

Lenfler ile asit atılımına yardım etmek için:

Lenf sistemimizin olmasının sebebi zaten toksin atmaktadır. Ancak lenfler yardımcıya ihtiyaç duyar. Lenf drenaj masajı yaptırmak, bol alkali su içmek lenflerden toksin atılımına yardımcıdır. Genelde hareketsiz olduğumuz ve masa başında oturduğumuz için lenflerimizin dolaşımı yavaştır.

Kuru fırçalama denen, vücudu kuru bir fırça ile kalbin yönüne doğru fırçalamak yine lenf dolaşımını artırır. Kuru fırçalama cilt güzelliği için de faydalıdır.

Infrared saunaları ülkemizde az olmakla beraber bu saunalar lenflerden toksin atılmasına yardımcı yöntemlerdir. Infrared, ışığın bir dalga boyudur. Derin doku ısınması yapar. Kasları rahatlatır. Kas gerginliğine, spor yaralanmalarına, fibromiyaljiye iyi gelir.

Fizik tedavide infrared ışığı tedavi amaçlı çok kullanılır. Infrared saunaları toksin atmak açısından normal saunalardan çok daha da etkilidir.

Akciğerlerle asit atılıma yardım etmek için:

Aslında kitabımızın en temel meselesi, hücre zarının önemine ve zarı hasarlayan asit-proton fazlalığına dikkati çekmek. Çünkü;

187

Proton yükü nereye zarar veriyorsa orası asitlenmiş demektir.

Protonu (+) yükle, elektronu (–) yükle gösteriyoruz.
(–) yük sebebiyle elektronlara negatif iyon,
(+) yük sebebiyle protonlara pozitif iyon diyoruz.
Daha öncekilerle aynı anlama gelen yeni bir tabirimiz daha oldu:

pozitif iyon = serbest radikal = proton = asit
negatif iyon = antioksidan = elektron= alkali

Nefes almanın önemini hepimiz biliyoruz; işte temiz hava da bol negatif iyon içerir.

Havadaki oksijen hayatın özüdür. Bu yüzden iyi, doğru nefes almayı öğrenmek gerekir. Aslında hemen hiçbirimiz doğru nefes alamıyoruz. Doğru nefes almak yeterli oksijen alabilmemizi sağlar. Oksijen olmadan alkali olamayız.

Zaten her oksijen de tam olarak aynı değildir.

Oksijenin "daha iyi" oksijen olması için negatif iyonlu oksijen olması gerekir. Yani oksijenin üzerinde *fazladan elektron* olmalıdır. Tıpkı sebzelerde olduğu gibi, tıpkı alkali suda olduğu gibi havada da elektrondan bahsediyoruz.

Orman havasının bize kendimizi iyi hissettirmesi, deniz kenarındaki havanın iyi gelmesi, yağmurdan sonra kendimizi daha iyi hissetmemiz hep havadaki negatif iyonları içeren oksijenin fazlalığındandır.

Ofiste uzun süre oturduğumuz zaman veya evden hiç çıkmadığımızda baş ağrısı çekmemiz ya da bir alışveriş merkezinde çabuk yorulmamızın sebebi de yine bu kapalı alanlarındaki negatif iyon azlığıdır.

Doğru nefes almak ve açık havada olmak, negatif iyonlu oksijen almak için en kolay yöntemdir.

Teknoloji sayesinde artık negatif iyonizerli havalandırma sistemleri de var. Ancak bu konuyu da iyi araştırmak gerekir.

Nefes almakla ilgili olarak burunda deviasyon veya uyku apnesi gibi fiziksel sorunlarımız varsa bunları çözmek için çaba göstermenizi tavsiye ederim. Çünkü her iki durumda da yeterli oksijen alamayacağımız için bundan uzun dönemde zarar görürüz. Böyle rahatsızlıklar varsa tıbbi tedavi yapılmalı, rahat oksijen alınabilmesi sağlanmalıdır.

Nefes

Solunum H (+) iyonları tarafından düzenlenir. Solunum hızı düzenlenerek kanın asit-baz dengesi normal değerlerde tutulur. Bu nedenle beyin kökündeki solunumu kontrol eden merkezler oksijen ve karbondioksite değil, hidrojen iyonlarına duyarlıdır ve çok hassas bir şekilde sürekli kanın pH'ını ölçerler. Eğer gereğinden az solunum yaparsak kandaki karbondioksit oranı artar ve hidrojen iyonu oluşmasına sebep olur. Bunun tam tersi de geçerlidir, büyük nefesler alındığında hidrojen iyonları yok olmaya başlar.

Sağlıklı, iyi çalışan bir lenf sistemine sahip olmak için de nefesten yararlanırız. Lenf sistemini harekete geçirmek için kas hareketleri ve solunumdan faydalanırız. En ideali, nefesi diyaframı kullanarak derin nefes şeklinde almaktır. Derin soluk almak vakum etkisiyle kan dolaşımına lenfleri çekerek bedenin toksinleri yok etme hızını artırır.

Şimdi basit nefes alma tekniklerini görelim. İsterseniz daha profesyonel bir uzmandan nefes teknikleri de öğrenebilirsiniz. Aslında doğru nefes almayı öğrenmek sağlığımız için en doğru yatırım olur.

Diyafram solunumu:

* Sırtüstü yatılarak yapılır.
* Bacaklar karına doğru çekilir.
* Ayaklar yere basar şekilde, bir el karın üstüne, diğer el ise göğüs kafesi üstüne konur.
* Burundan nefes alıp verirken karnın üstüne konan elin yükselip alçalmasıyla bütünsel nefese başlanır.

Her gün, akşam yemek yedikten 2 saat sonra, 5 dakika süreyle diyafram solunumu yapılabilir.

189

Doğru nefesi almanın ilk şartı, aldığınız nefesi en iyi şekilde boşaltmakla başlar. Derin bir nefes aldıktan sonra ağızdan *wvhoooşş* sesiyle bırakın. Bundan sonra son kalanları da çıkarmak için karın kaslarınızı sıkın ve bırakın. İlk seferlerde bilinçli olarak yaptığınız bu işlem daha sonradan otomatikleşecektir.

Enerji nefesi:

Uyku sersemliğinden kurtulmaya ihtiyacınız olduğunda ya da kendinizi kaygılı hissettiğinizde bu nefes tekniğini deneyebilirsiniz.

* Dik oturun, gözler kapalı, omuzlar rahat olsun.
* Dilinizi dişlerinizin arkasına damağınıza koyabilirsiniz.
* Burnunuzdan hızlı ve kısa kısa nefes alıp vermeye başlayın. Bu sırada ağzınız kapalı durumda kalsın.
* Göğsünüz mekanik bir şekilde hızlı ve bir pompa gibi inip kalksın.
* İlk seferinde 15 saniye boyunca uygulayabileceğiniz bu tekniği her gün 5'er saniye artırabilirsiniz.

Stres azaltan nefes: 4-7-8 nefesi:

* Dik oturun, gözler kapalı, omuzlar rahat olsun.
* Dilinizi dişlerinizin arkasına, damağınıza koyabilirsiniz.
* Ağız kapalı olarak, burundan nefes alırken içinizden 4'e kadar sayın.
* İçinizden 7'ye kadar sayarken aldığınız nefesi tutun.
* *Wvhoooşş* sesini çıkararak ağzınızdan 8 sayıda nefesi bırakın. Bunun hepsi tek nefestir.

Bu şekilde dört kere tekrar edin 4-7-8 nefesini. Günde iki kere yapabileceğiniz dört set nefesi ilk aydan sonra günde iki kere sekiz defaya kadar çıkarabilirsiniz.

Devamlı derin nefes almak, hep sağlıklı kalmak demektir.

Uyku

Alkali olmak için de, yenilenmek için de iyi bir uyku şarttır. Uyku yaşamamız için gereklidir; bu yüzden yeterli ve sağlıklı uyumaya çok önem vermeliyiz.

Uyku hormonu melatoninin salınımının azalmaması için dikkat edilebilecek uygulamalar var.

Melatonin çok kuvvetli bir *anti-aging* hormonudur. Gece boyunca büyüme hormonu ile beraber yaşlanmayı geri çevirmeye çalışır. Uykuya dalmamız, uyku kalitemiz, uyku süremiz, dinlenmiş uyanmamız melatonine bağlıdır. Melatonin gece vücudun tamir saatini çalıştırır. Vücut ısısı uykuya dalarken hafifçe düştüğünde ortaya çıkar. Büyüme hormonu bunun arkasından salınır ve ciltten kemiğe tüm vücut hücrelerinde yenilenme işini başlatır.

Melatoninin diğer bir faydası da, stres hormonu kortizolün kandan temizlenmesini sağlamaktır.

Görme özürlülerde hiç meme kanseri görülmediğini bilmek belki uyku hormonu melatoninin ve onu artırmak için karanlıkta uyumanın önemini size anlatır.

Melatoninin artırılması, yani uykunun kalitesinin artırılması için işte basit öneriler:

* Yattığınız odayı mümkün olduğunca karanlık yapın. Karanlık vücudun *sirkadiyen ritim* denen biyoritmini ayarlayarak pineal bezden daha çok melatonin salınımını sağlar. Pek çok çalışma, az melatoninin iştah artırdığını ve kilo alınmasına sebep olduğunu gösterir. Yurtdışında kanser dahil pek çok hastalığın tedavisinde melatonin kullanımı önerilmektedir.
* Yatak odasında her zaman az ışıklı bir lamba bulundurun. Odaya girince yatana kadar da fazla ışıkla temasınız olmasın.
* Yatak odasındaki elektromanyetik alanı yok edin. Bu alnınızın ortasındaki pineal bezin melatonin ve serotonin salınımını azalttığı gibi sabah kaslarınız tutuk halde uyanmanıza da sebep olur. Uykuda tam kas gevşemesini sağlamak için yatak odasında elektromanyetik alan yaratan cep telefonu, bilgisayar, televizyon bulundurmayın.

Bunların yarattığı pozitif elektromanyetik alan bizim negatif manyetik alanımızı bozar. Negatif işaretle gösterilen elektronun iyiliği gibi, negatif elektromanyetik alan da iyidir. Protonların, yani pozitif iyonların kötü olması gibi, pozitif EMF de kötüdür. Elektronikler (+) EMF yayar.

Kolye, bileklik veya tabanlık şeklinde elektromanyetik alan koruyucular vardır. İsterseniz bunlardan da kullanabilirsiniz. Ofiste ve salonda kaktüs çiçeği bulundurmak etraftaki pozitif manyetik alanı azaltır.

Evde plastik terlikle gezmemek, daima yere basarak topraklanmak gerekir. Uyumadan önce bahçede toprak üzerinde birkaç adım yürümek de çok rahatlatır. Çoğumuz toprağa, çime basmadan aylar geçiriyoruz. Oysa elektriğin topraklanması gibi bizim de topraklanmamız gerekir. Toprak ana en bol elektron vericidir ve bu kaynak bedavadır! Her gün birkaç dakika çıplak ayakla toprağa, çime basmanın önemi bir kitabı kaplayacak değerdedir. Bu kadar basit bir sağlık yöntemini asla atlamamalıyız! Ben dikkat dağınıklığı yaşayan çocukların apartman çocuğu olmalarıyla ve toprağa basmamalarıyla ilişkili olduğunu düşünüyorum. Yurtdışında *barefoot*, yani çıplak ayakla gezme parkları vardır. İnsanlar evlerine dönmeden birkaç adım atarlar. Evde terlik giymek, sentetik zemin döşemesi kullanmak da sağlıksızdır. En iyisi taş veya doğal parke zemindir.

Ayakları deniz tuzu dolu suya sokmak da sizi topraklar. Zaten denize girmek de elektriğinizi bu yüzden alır. Yatmadan önce ayaklara deniz tuzu banyosu yaptırmak da daha kaliteli bir uyku sağlar.

* Yatağı uyku ve seks dışında kullanmayın. Bilgisayarınızı yatağınıza taşımayın, uyumadan önce televizyon seyretmeyin.
* Rahat, doğal, sentetik olmayan, hava alan çarşaflar kullanın.
* Ortopedik bir yastık kullanın. Böyle bir yastıkla boynunuz rahat edeceği gibi yan yatarken ortopedik yastığın boşluğuna gelen yüzünüz ve boynunuz kırışmaktan kurtulur. Boyundaki kırışıklıklar bir kere olduktan sonra geri döndürmek zordur. En iyisi ortopedik yastıkla sırtüstü yatmaktır.
* Yatak odasını serin tutun, fazla sıcak olmasın. Sıcak uykunun derinliğini azaltır, sizi uyandırır. İyi melatonin ve büyüme hormonu için sıcak olmayan serin bir oda idealdir. Kaloriferi yatak odanızda kapalı tutun.

Ancak yazın sıcak havalarda odayı serinletmek için klimaları fazla kullanmanın da zararı vardır. Klimalar zamanla odadaki negatif iyonları azaltır. Negatif iyonizerli ve çok küçük partikülleri bile temizleyebilen hepa filtreli havalandırma cihazlarını kullanabilirsiniz.

* İdeali, saat 23'te yatın. Bilgisayarlar ve televizyonlar bizim geç yatmamıza sebep olur. Ama insan türü olarak genlerimiz gece 23'te yatmak üzere programlıdır. Saat 23'te yatmak melatonin ve büyüme hormonu için ideal zamandır. Zaten uykuda tamire geçme çabası yüzünden akşam yemeğinin karbonhidratsız olmasını öneriyoruz. Bir an önce tamire geçmek isteyen sistem, karbonhidrat tüketilmişse kanda yükselen insülini algıladığında melatonin düzeyi ve büyüme hormonu düzeyi düşer. Bir an önce bu hormonları çıkarabilmek için kandaki enerji bel bölgesine hızlıca depolanır.

İyi bir uyku, iyi bir tamir, iyi melatonin için akşam yemeğinde hiç karbonhidrat önerilmez. Daha da ideali akşam yemeğinin hiç yenmemesidir.

* Uyku süresi 7-9 saat olmalıdır.

* Sabah uyanınca ayılmak için direkt gün ışığına 10 saniye bakın. Gün ışığı beyni uyandırır, biyoritmi çalıştırır. Sabah gün ışığına bakarak güne başlamak mevcut melatoninin kandan çekilmesini sağlar ve gün boyu uyku sersemliğinde olmayız.

* Saat 17'den sonra çay, kahve içmemek gerekir; herkeste uykuyu kaçırmasa da uyku kalitesini azaltır.

Karaciğerden stres hormonu kortizolün temizlendiği aşama olan faz 1 ile kahve, çay ve alkol temizlik için yarışır. Gün içindeki koşuşturma ve gerginlikleri atmak üzere uyuduğumuz için kandaki kortizolün sabaha kadar temizlenmesi gerekir. Bu yüzden saat 17'den sonra içilen çay ve kahve kortizolün temizlenmesini azaltır.

* Yatmadan 3 saat önce zorlayıcı egzersiz önerilmez. Yoga ve esneme egzersizleri uygundur.

* Uykuya dalmakta zorluk çekiliyorsa ılık bir duş uygundur.

* Infrared saunaları uykuya hazırlıkta faydalıdır. Infrared enerjisi gün ışığından gelir ve cildin 3-4 cm altına kadar inip kas tabakasına ulaşarak kaslardaki gerginliği azaltır. Lenf dolaşımını artırır, ağır metallerin, toksinlerin, asitlerin lenf sistemi ile detoks edilmesini kolaylaştırır.

Ağır metallerin vücuttaki birikimi fazlasıyla ihmal edilmiş çok ciddi bir konudur. Elma sirkesi, glutatyon, DMSO isimli madde, alkali su ve çiğ sebzeler ağır metal temizliğine yardımcıdır.

* Akşam yemeğinden sonra atıştırma arzusunu söğüş sebzeler ve bitki çayları geçiştirin.

* Uyumak için alkol alındığında veya akşam yemeğinde alkol tüketildiğinde, gece alkol kandan çekildiğinde yaklaşık uykuya yattıktan 1,5-2 saat sonra uykunun derinliği hafifler ve uyanırsınız.

Uyumak için alkol kullanmayın! Papatya, melisa, valerian gibi rahatlatıcı bitki çaylarını tercih edin.

Sonsöz

Yaşlanmadan akıllanmayı çok isterdim.

Bernard Shaw

Yeni bir fikir ortaya atıldığına genelde şunlar olur:
Önce bu yeni fikrin gerçek veya önemli olmadığı söylenir.
Bir zaman sonra, gerçek olduğu ama önemli olmadığı söylenir.
Fikrin ispatına dair bilgiler arttıkça ve görüş yaygınlaştıkça, söz konusu fikrin gerçek ve önemli olduğu, ancak yeni olmadığı söylenir.

Bu kitapla, beslenmeye dair yepyeni bir yaklaşımla karşılaştık. Bu yeni yaklaşımın "gerçek" olduğuna inanmak için çoğunluğun ikna olduğu güne kadar "bekleyebilirsiniz".

Ya da hemen uygulamaya başlayabilirsiniz.

Beklerken bir taraftan da düşünün; obezite, diyabet, otoimmün hastalıklar neden bu kadar arttı? Bunlardan birinin sizi bulmamasını nasıl garanti edeceksiniz? Eskiden kanser bir arkadaşınızın arkadaşının tanıdığı kadar uzak bir mesafedeydi. Peki ya şimdi? Yakın çemberde, aile bireylerinizde bile yok mu? İstatistiksel olarak sıra size doğru yaklaşmadı mı?

Bu kitapla istatistiklere girmemenin yollarını öğrendik.

Asıl beslememiz gerekenin hücrelerimiz olduğunu öğrendik.

Gıda diye tükettiklerimizin bedellerini öğrendik.

Kandırıldığımızı öğrendik!

Bu duruma hep beraber nasıl geldik biliyor musunuz? Parayı takip ederek. Yiyecek sanayiinin devlerini takip ederek: İşlenmiş hayvansal ürünler, alkol, kahve, kola, hazır gıda, bisküvi, kahvaltı gevreği, şekerli içecekler gibi vücudu asitlendiren gıdaları üretenlerin peşinden giderek!

Bunların yenebiliyor olmaları onların gıda olduğunu garantilemiyor. Çoğunun içinde hiç besin yok!

Bunlar hücreleri aç bırakıyor.

Maalesef bu hazır gıdaların karşısına çıkıp bizi ikna edecek kadar reklam yapacak sebze-meyve lobileri de yok.

Ama bu kitapla,

en basit haliyle **gördük ki çoğu hastalık** aslında sadece bir sebze-meyve eksikliği hastalığıdır. Kanser bile.

Gerçeği söylemek cesaret ister.

Ama işte kral çıplak!

Sebze suyu tarifleri*

Sağlık dolu içecekler

Kullanılan meyve ve sebzeyi organik sertifikalı alıyorsanız **kabuklarını** soymadan kullanınız. Ayrıca sıkma makinesine **bütün olarak** atınız; kabuğu, sapı, çekirdeği ile. Makinenizin boyuna göre büyük meyveleri kesmek gerekebilir. Tüm malzemeleri katı meyve sıkacağından geçirerek tüketin.

Tatlı yeşiller

Meyveden gelen tatlılık sayesinde klorofilin baskın tadını hissetmeyeceğiniz bir içecektir.

* 4 adet yeşil elma
* 5 adet pazı yaprağı
* 1,5 bardak ıspanak
* 3 adet salatalık
* 8 yaprak yeşil kıvırcık salata

Elma-Armut-Pancar-Zencefil

Pancar; demir, folat, potasyum, magnezyum ve C vitamini yönünden çok kuvvetlidir. Antioksidan, antienflamatuar ve detoks etkisi vardır.

* 1,5 büyük kırmızı elma
* 3 küçük (1 büyük) pancar
* 1,5 armut
* 2,5 cm taze zencefil (soyulmuş)

---

* (Bu tarifler Alara Malaz'a aittir.)

Tatlı-acı

* 3 büyük salatalık
* 1 adet yeşil kıvırcık salata
* 1 demet pazı
* 3-4 elma
* Yarım (soyulmuş) kereviz ve birkaç kereviz yaprağı

* Yarım demet maydanoz ve/veya taze nane
* 1-2 adet acı sivribiber (çekirdekleri çıkararak)
* Çeyrek çay kaşığı Himalaya tuzu

Limon sevenlere

* 3-4 yaprak marul
* 1 avuç maydanoz ya da taze kişniş yaprağı
* Çeyrek sarı limon ya da misket limonu (soyulmuş)

* 3 adet kereviz sapı ve yaprakları ya da 1 küçük soyulmuş kereviz
* 1 yeşil elma
* 1 küçük salatalık

Meksikalı

* 2 domates
* 4-6 havuç
* 2 adet kereviz sapı ve yaprakları ya da 1 küçük soyulmuş kereviz

* Yarım demet taze kişniş ya da maydanoz
* 1 limon

Baharatlı domates suyu

* 2 adet domates
* 2 adet kereviz sapı ve yaprakları ya da 1 küçük soyulmuş kereviz
* Yarım salatalık
* Yarım kabak
* Yarım yeşil tatlı biber
* 1 adet brokoli

* 1 büyük havuç
* 2 bardak dolusu pazı ya da başka koyu renk yapraklı sebze
* Deniz tuzu, istenildiği kadar taze çekilmiş karabiber ve toz kırmızıbiber

Biraz da protein

Bu içecek için 1 avuç ayıklanmış ayçiçeği çekirdeğini 1 gece önceden suda ıslatarak filizlendirin.

Bezelye ve ayçiçeğinden gelen protein sayesinde çok tok tutan bu içeceğe sarmısak ekleyerek doğal bir antibiyotik yapmış oluyoruz.

* 1 avuç ayıklanmış ayçiçeği çekirdeği
* 1 avuç taze bezelye (tazesi kabuğu ile konabilir, donmuş da kullanabilirsiniz)
* 3 adet kereviz sapı ve yaprakları ya da 1 küçük soyulmuş kereviz
* 1 salatalık
* 1 küçük pancar
* 2 havuç
* 1 diş sarmısak (istenirse)
* 1,5 cm zencefil (soyulmuş)

Tam hastalanmadan önce

* 6 havuç
* 1 limon (soyulmuş)
* 2 portakal (soyulmuş)
* Çeyrek çay kaşığı toz kırmızıbiber

Karpuzlu

* 2 bardak dolusu soyulmuş ve kesilmiş karpuz
* 1 avuç pazı
* 2 büyük salatalık
* 2 adet kereviz sapı ve yaprakları ya da 1 küçük soyulmuş kereviz
* 2 çorba kaşığı (daha çok da olabilir) taze nane
* 1 misket limonu ya da sarı limon (soyulmuş)

Semizotu-elma

* 2 avuç semizotu
* 1 küçük elma
* Küçük bir dilim zencefil
* 2 adet kereviz sapı ve yaprakları ya da 1 küçük soyulmuş kereviz
* 1 diş sarmısak
* 1 havuç

Greyfurtlu

* 1 greyfurt (soyulmuş)
* 7 yaprak taze nane

* 7 yaprak pazı

Mor lahanalı antioksidan

* Yarım mor lahana
* 3 elma

* 3 havuç
* Küçük bir dilim zencefil

Smoothie'ler
Avokadolu smoothie

* 3 adet brokoli salkımı
* 1 avokado (soyulmuş)

* 3 yaprak pazı

Önce pazı ve brokoli meyve sıkıcıdan geçirilir. Ardından, blender'ın içinde kesilmiş avokado parçalarıyla karıştırdıktan sonra içilir.

Avokado ve kakaolu smoothie

* 1 avokado
* Yarım elma ya da 1 avuç çilek
* 1 salatalık
* Birkaç yaprak ıspanak ya da marul

* Doğal tatlandırıcı Stevia (istenirse)
* Tarçın ya da kakao (zevke göre)
* Biraz su

Hepsini blender'dan geçirerek içebilirsiniz.

Karalahanalı smoothie

* 5 yaprak karalahana
* 1 küçük elma (çekirdekleri çıkarılarak doğranmış)
* 2 adet turp (doğranmış)

* Yarım avokado
* 1-2 kaşık tahin
* Yarım çay kaşığı zerdeçal (istenirse)
* 1 bardak su

Hepsi blender'da karıştırılır, bu içecek akciğerlerin kuvvetlenmesine yardımcı olur.

Limonlu smoothie

* 1 salatalık
* 1 avuç fesleğen yaprağı
* 1 avuç kereviz yaprağı
* 1 limon (soyulmuş)
* 2/3 bardak su

Hepsini blender'dan geçirerek içiniz.

Yeşil smoothie

* 1 bardak taze portakal suyu
* 1 avuç ıspanak
* Çeyrek demet maydanoz
* 7 yaprak taze fesleğen
* Yarım bardak ananas suyu
* Çeyrek demet taze kişniş
* 7 yaprak taze nane
* Toz kırmızıbiber (istenirse)

İstenilen yoğunluğa göre blender'a su ekleyerek karıştırılır.

Sabah smoothie'si

* 1 avuç maydanoz
* 1 avuç kereviz yaprağı ve sapı
* 1 yeşil elma
* İnce bir dilim zencefil
* 1 avuç roka
* 1 salatalık
* 1 misket limonu
* 2 çay kaşığı hindistancevizi yağı
* 1 avuç semizotu

Bütün malzemeyi 1 bardak suyla blender'dan geçirin.

Ketentohumlu smoothie

* 4 yaprak karalahana
* Yarım bardak taze nane
* Küçük bir dilim taze zencefil
* 1 çorba kaşığı çekilmiş ketentohumu
* 4 yaprak marul ya da kıvırcık salata
* 1 salatalık
* 1 armut ve/veya 6 çilek
* 1 bardak su

Çilekli smoothie

* 3 bardak süt (pirinç sütü ya da badem sütü tercih edilebilir)
* 2 bardak çilek
* 1 çorba kaşığı limon kabuğu rendesi
* 1 muz ya da 2 çorba kaşığı agave şurubu
* 2 bardak ıspanak ile blender'dan geçirerek içiniz.

Adım adım alkali hayat!

* **İdrarınızı takip edin.** İdrarınızın koyu ve kokulu olması az su içtiğinizi ve asitlendiğinizi gösterir.
* Alkali su için.
* **Dışkınızı takip edin.** Kabızlık şikâyeti asitlendiğinizi gösterir. Asla kabız olmamaya çalışın. Gerekiyorsa prebiyotik ve lif tabletlerini kullanın.
* **Bel çevrenizi her hafta ölçün.** Beliniz kalınlaştıkça asitlenirsiniz.
* Yemek sonrası uykulu haliniz oluyorsa, **yemekten önce yarım çay kaşığı tarçın tüketin.**
* TSH testinizi, açlık insülin ve yemek sonrası 2. saat tokluk insülin değerinizi bilin.
* Her öğünün **yüzde 70 alkali** besinlerden oluşmasına özen gösterin.
* Mümkünse **haftada en az bir gece akşam yemeği yemeyin.**
* Akşam yemeğini olabilecek en erken saatte yiyin.
* Akşam yemeğinde asla karbonhidrat tüketmeyin.
* **Sebze suyu içmeyi alışkanlık haline getirin.**
* Kaçamak yaptığınız günlerin ertesi gününde daha fazla sebze suyu içerek kaçamaklarınızı dengeleyin.
* **Kaçamak yapmak istediğinizde asla saat 17'den sonraya bırakmayın.** Arada bir yaptığınız tatlı, alkol gibi kaçamakları kesinlikle bu saatten önce yapın.
* **Çiğ sebze tüketmediğiniz gün olmasın.** Hazır sebze tozları da kullanabilirsiniz.
* Asla yağsız kalmayın. Omega 3 desteğinden günde 1 tane alın. **Ceviz-badem-balık üçlüsünü muhakkak tüketin, yağlı tohumlarını menünüzü dahil edin.** Hindistancevizi, avokado, zeytin gibi bitkilerin, çörek otu, keten tohumu gibi baharatların iyi yağ içerdiğini unutmayın.
* **Süt yerine kefir içmeye alışın.**
* Hazır yiyeceklerin neredeyse tamamının hücreleriniz için "çöp"

olduğunu her zaman hatırlayın.

* **Hayvansal ürünleri azaltın.** Yemek durumundaysanız doğal olanlarını tercih edin ve muhakkak sebzelerle beraber tüketin.

* **Doğru nefes almayı öğrenin.** Deviasyon ve uyku apnesi sorununuzu çözün. Nefesinizi tutmayın. Yapabiliyorsanız yatak odanızda hava iyonizeri kullanın.

* **Gece 23'te uyumaya alışın, yatak odanız karanlık olsun.**

* Yoga, pilates, yürüyüş gibi derin nefes alabildiğiniz sporları tercih edin. Nefes nefese kaldığınız sporları değil.

* Ayda bir lenf drenaj masajına veya infrared saunaya gidin.

* Normal sauna da faydalıdır. Sıcak vücudun bağışıklığını arttırır. Vücut ısınınca bağışıklık hücreleri, bir mikrop yüzünden ateşiniz çıktı zanneder ve kendilerini çoğaltırlar. Bu da sizi tüm hastalıklara karşı korur.

* **Her gün 1-2 dakika kanepeden aşağı doğru baş aşağı sarkık durun.** Özellikle düşük tansiyonlu kadınlar için bu gereklidir. Beyne ve yüze yeterince kan ve oksijen gider. Hiçbir güzellik kreminin yapamayacağı cilt bakımı gibi olur.

* Ayaklarınızı yukarı kaldırdığınızda bacaklardaki lenf dolaşımına da yardımcı olursunuz.

* **Banyo sonrası vücudunuzu kalp yönüne doğru kuru fırçalayın.**

* Evde çıplak ayakla dolaşın. Her gün toprağa basın.

* **Himalaya tuzu kullanın.**

* Elektronik aletleri vücudunuza temas ettirmemeye çalışın.

* Elektronik aletlerin yarattığı etkiyi gidermek için elektromanyetik koruyucular kullanın.

* **Stresle baş etmenin bir yolunu bulun.** Her üzüldüğünüzde, her gerildiğinizde bu durumun vücudun içinde bir fiziksel karşılığı olduğunu unutmayın. Bu durum vücutta zararlı bir kimya yaratır ve bu da stres hormonu kortizoldür. Kortizol varken bağışıklık susar.

O pek kıymetli bağışıklık hücrelerinizi
kim için ve ne için boşa ziyan ediyosunuz,
bunu her seferinde bir kez daha sorgulayın. **Değer mi?**

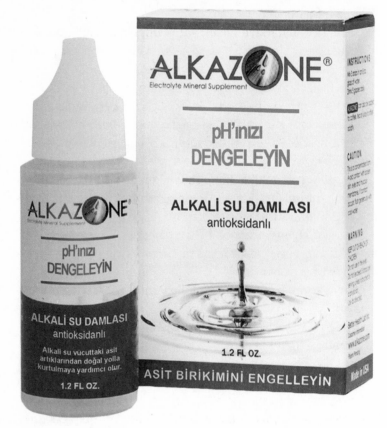

Suyu alkali yapan pH damlaları

Alkali olmak için en pratik ve etkili yoldur. Küçük damlalıklı şişelerle eczanelerde satılır. İçinde çoğunlukla bikarbonat ağırlıklı alkali mineraller olur. İçme suyuna eklenerek kullanılır. İçme suyunun pH'ını 9 ve üzeri değerde alkali yapar. Günlük olarak 5-8 bardak, içine alkali damla eklenmiş su içilmesi önerilir. Sadece 5 bardak alkali su, vücutta 15 bardak su içilmiş gibi olumlu etki yapar.

Alkali pH damlalarının özellikleri şunlardır:
* Suyun tadını değiştirmezler.
* Kalorisizdirler.
* Üzerlerindeki talimata göre bir bardak, 250 ml suya 2-3 damla eklenir.
* Aç karnına içilmeleri önerilir.
* Açlık hissini bastırırlar.

Alkali pH damlalarının sağlığa faydaları:
* Suyun pH'ını yüksek alkali yaptıkları için daha az suyla vücuttan daha çok asit, artık temizlenir.
* pH değeri 10 ve 10'un katları olarak artar. pH'ı 6.5 olan içme suyuna pH damlası eklenerek pH 8.5'a yükseltildiğinde, bu su 100 kat daha fazla alkali olur. Böylece orijinal halinden 100 kat fazla asit artığını vücuttan atabilir.
* Yeterince su içemeyen kişiler için kurtarıcıdır.
* Alkali değeri yükseltilmiş suyu içmek vücudun hidrasyonunu yükseltir.
* Alkali değeri artan kanla dokulara daha çok oksijen taşınır. Dokularda oksijenin artması, bakteri ve mantar enfeksiyonlarını engeller. Bakteri ve mantarların çoğu oksijensiz ortamda çoğalırlar.
* Oksijenlenme artışı dokuda kanser hücresi oluşumunu da azaltır. Kanser hücreleri de oksijensiz ortamı severler.
* Oksijen artışı enerjiyi arttırır.
* Kilo kaybetmek için yağ yakabilmek ancak oksijen mevcudiyetinde mümkündür. pH damlaları kullanarak alkali olmak diyetlerde kilo vermeyi kolaylaştırır.

* Egzersiz yaparken kaslarda oluşan laktik asit sebebiyle asitlenme artar. Laktik asit kaslarda yorgunluğa da sebep olur. Yüksek alkali su içmek egzersiz süresini ve performansı arttırır.
* Asitlenmeye bağlı, kemikten kalsiyum kaybını azaltır.
* Vücudun asit yükünü gidermek için kullanılan magnezyumun bir kısmı kemikten bir kısmı da kaslardan çalınır. Kasta azalan magnezyum kas kramplarına ve halk arasında kulunç tabir edilen fibromiyaljilere sebep olur. İçine pH damlası eklenen yüksek alkali su içmek bu şikâyetleri azaltır.
* Ağızdaki asitlenmenin sebep olduğu diş çürükleri ve kötü kokuyu engeller.
* Mide yanması ve reflü şikâyetlerini azaltır.
* Böbrek taşı oluşumunu engellemeye yardımcı olur.
* Fazla kahve ve çay tüketmenin asitlenmeye katkısını azaltmak için, içlerine pH damlası eklenebilir. Tadını değiştirmeden içilen kahve ve çayın asit pH'ını azaltır.
* Tansiyonu etkilemez.
* İçindeki diğer mineraller vücuttaki elektriğin daha iyi akmasına yardımcıdır.

* İçinde antioksidanlar da bulunur. Antioksidanlar da alkali yapan maddelerdir.
* İçilen alkali damlalı su miktarı ne kadar çoksa vücuda o kadar çok elektron girer. Vücuttaki bikarbonat miktarı direkt veya dolaylı olarak o kadar çok artar.
* Elektron ve bikarbonatın sağlığımız için ne kadar kıymetli olduğu tüm kitabımızın konusudur.
* Su içmekten hoşlanmıyorsanız veya sürekli unutuyorsanız, çay-kahve-alkol kullanımınız çoksa (ki bunlar vücudun suyunu çalarlar) alkali damlalı suyla zararınızı azaltabilirsiniz.
* Fazla asitli besleniyorsanız ve çiğ sebzeyle tamponlayamadığınız zamanlar olduğunda alkali suyun miktarını arttırmalısınız.
* Seyahatlerde kullanım için idealdir.
* Cilt nemlenmesini arttırır.
* Gözaltı morluklarının ve selülitin giderilmesine yardımcıdır.
* Her yaş ve herkes için kullanımı uygundur.
* Ev hayvanlarının dahi alkali su içmesi daha sağlıklıdır.
* İyi nefes almak, alkali su içmek, alkali olma çabanızın yarısını oluşturmalıdır.